Le Règne de la Bête

ADOLPHE RETTÉ

Le Règne de la Bête

> *Hi unum consilium habent, et virtutem et potestatem suam Bestiæ tradunt.*
>
> Apocalypse de Saint-Jean, XVII, II, 13.

> *Nisi Dominus custodierit civitatem, frustra vigilat qui custodit eam.*
>
> Psaume 126.

PARIS
LIBRAIRIE LÉON VANIER, ÉDITEUR
A. MESSEIN, Succr
19, QUAI SAINT-MICHEL, 19

1924

IL A ÉTÉ TIRÉ DE CE LIVRE :

15 exemplaires sur papier Hollande Van Gelder numérotés de 1 à 15

N°

A
ÉDOUARD DRUMONT

PROPHÈTE EN SON PAYS

PREFACE

Par cet avril morose, que font grelotter des bises chargées de neige et de grésil, je relis, avant de les offrir au public, les pages de ce livre où j'ai tâché de montrer ce que devient notre France vacillant sous les souffles diaboliques qui l'assaillent de toutes parts.

Tandis qu'errant sous les arbres de ma chère forêt de Fontainebleau, je récapitule mon labeur, une comparaison s'établit en moi entre ce printemps, qu'affligent des intempéries anormales, et la démocratie telle que l'ont faite, sous couleur de République, l'impiété sournoise ou furieuse, la rage de démolition et la manie égalitaire des sous-Jacobins et des socialistes obliques qui nous gouvernent.

Comme la saison, la société actuelle se détraque de plus en plus sous des influences morbides. Les principes de la Révolution produisent enfin les plus empoisonnés de leurs fruits. Grâce à l'exaltation de l'individu considéré, contre tout bon sens, comme base sociale, les éléments qui formaient la Patrie française : religion traditionnelle, famille solidement constituée, goût de la hiérarchie et de la discipline, achèvent de tomber en ruines.

Voilà ce qu'ont engendré ces fameux Droits

de *l'Homme* dont on nous rebat les oreilles depuis plus de cent ans.

A examiner les résultats obtenus, on est obligé d'approuver pleinement cette affirmation de Brunetière : « *Toutes les fois qu'une doctrine aboutira, par voie de conséquence logique, à mettre en question les principes sur lesquels la société repose, elle sera fausse, n'en faites pas de doute ; et l'erreur en aura pour mesure de son énormité la gravité du mal même qu'elle sera capable de causer à la société.* »

C'est ce que ne cessent de vérifier ceux qui se donnent la peine d'analyser l'état de la société française au commencement du xx° siècle.

Les avertissements n'auront pas manqué. Des voyants, tels que M. Edouard Drumont, les prodiguent avec persévérance. Pour moi, je les ai si bien sentis que c'est pour cette raison que je suis fier de dédier ce livre au promoteur de l'antisémitisme, au catholique qui dénonça si courageusement les causes les plus efficientes de notre décomposition.

Dans le *Règne de la Bête*, je montre, par un exemple terrible, ce que donne l'éducation athée dont on frelate l'intelligence des jeunes Français.

Y a-t-il un remède ? — Je le crois et je l'indique dans la dernière phrase de mon livre : c'est la restauration de la Sainte Eglise catholique « en dehors de laquelle il n'existe ni lumière, ni vérité, ni consolation, ni salut. »

Adolphe Retté.

Chailly-en-Bière, avril 1908.

Le Règne de la Bête

CHAPITRE PREMIER

Assis derrière son bureau, dans son cabinet du ministère de l'Intérieur, Georges Legranpan, président du conseil, morigénait M. Auguste Mandrillat, président du syndicat du commerce républicain, Vénérable de la loge : *le Ciment du Bloc.*

— Voyons, Mandrillat, disait-il, ne prenez pas cet air candide. Cela peut réussir auprès des imbéciles à qui vous grattez hebdomadairement dans la main ou vis-à-vis de vos actionnaires, un jour d'assemblée générale. Mais entre nous cette comédie n'est pas de saison. Humble d'apparence, furieux en-dessous,

Mandrillat s'agita sur sa chaise : — Je vous affirme, protesta-t-il, que je ne comprends pas du tout vos reproches. Vous m'accusez de manœuvres sournoises contre le gouvernement. Or, je n'ai rien de semblable sur la conscience. Au contraire, j'étais venu vous rappeler que vous m'avez presque promis d'assister au banquet que mon syndicat organise pour le mois prochain. Je voulais vous demander d'en fixer la date... Vous savez qu'il est à peu près convenu que vous prononcerez un discours afin de rassurer le gros commerce qui s'inquiète des projets d'impôt sur le revenu dont votre ministre des finances fait parade. Ainsi, loin de vous tirer dessus, je vous épaule.

— Connu, connu, repartit Legranpan d'une voix sarcastique, on prodigue à son compagnon des vieilles luttes, à son bon, à son cher ami Legranpan — qui tient la queue de la poêle où mijote le contribuable — les assurances de dévouement, on lui entonne le grand solo du radicalisme irréductible, on lui passe la main sur l'échine en lui contant des douceurs. Et par derrière, on fait risette aux socialistes... C'est le jeu classique, cela.

— Les socialistes ?... Moi !...

Mandrillat semblait si totalement ahuri par ces accusations que le ministre crut presque à sa sincérité. Mais il fallait plus que des grimaces indignées et des points d'exclamation pour le persuader. Dédaignant les finasseries, il avait pour méthode de se montrer brutal, lorsqu'il soupçonnait l'un de ces traquenards dont les radicaux sèment volontiers la route des chefs de leur bande qui ont réussi l'escalade du pouvoir. Il avait, de la sorte, très souvent déconcerté par des charges brusques, où il sabrait tout, les intrigues de pontifes-démocrates autrement subtils que Mandrillat. Fixant donc sur celui-ci ses yeux qui luisaient, aigus et noirs, dans sa face jaune aux pommettes mongoles, il désigna de sa main sèche, un papier étalé devant lui.

— Eh bien, reprit-il, puisque vous persistez à faire l'innocent, je m'en vais préciser. Voici un rapport de police qui relate, avec preuves à l'appui, les fredaines les plus récentes d'un certain Charles Mandrillat...

— Mon fils?... Je continue à ne pas comprendre.

— Soit ; alors, écoutez. Ce jeune homme distribue de l'argent à divers groupes anarchistes et antimilitaristes pour aider à leur propagande. Il est à tu et à toi avec quelques-uns des agitateurs de la C. G. T. et il lui arrive de les réunir *chez vous*. Sous un pseudonyme, il écrit des articles plutôt astringents dans des journaux révolutionnaires, tels que le *Chambardement social*. Il a protesté contre l'expulsion des terroristes russes de la rue Saint-Jacques. Enfin, dans des réunions publiques, il dévide des harangues où le régime et *myself* sont traités sans aucune aménité. De tout quoi je conclus : ou bien ce garçon est d'accord avec vous pour jouer les énergumènes à travers le socialisme. Ou bien vous ignorez, en effet, les facéties de mauvais goût auxquelles il se livre. Dans la première hypothèse, je saisis votre calcul : il s'agirait, n'est-ce pas, de vous ménager des amitiés utiles pour sauver la doublure de votre gilet au cas où les socialistes réussiraient contre nous le coup du **Père François**. Oui, mais c'est trop gros de ficelle, cette roublardise. Il ne fallait pas choisir quelqu'un vous touchant de si près. Que diable, vous devez tenir en main, dans votre entourage, assez de jeunes gens souples et retors qui se chargeraient d'amadouer la chèvre révolutionnaire avec quelques feuilles du chou radical. Il est maladroit d'avoir poussé votre fils à cette arlequinade...

Noyé de stupeur, Mandrillat leva les mains en l'air puis en frappa ses cuisses épaisses. Ses yeux globuleux semblaient près de jaillir des orbites. Il allait beugler, mais Legranpan l'arrêta d'un geste net.

— Attendez ; laissez-moi finir... Peut-être, comme je vous ai refusé, ces temps-ci, de caser quelques-uns de vos protégés par trop crétins, avez-vous espéré qu'un peu de chantage à mon égard me ferait réfléchir. Or, je vous en préviens, je n'admets pas qu'on m'allume sous le menton la mèche d'une bombe à la dynamite quand on veut obtenir quelque faveur de moi. Il était beaucoup plus simple de me dire que vous aviez envie de fourrer votre fils —dont, soit dit en passant, vous ne m'avez jamais parlé —

dans l'administration. J'aurais avisé. Après tout, fût-il aussi nul que les neveux et les filleuls dont les Sauriens et les Chaumières du parti nous encombrent, ce ne serait qu'un âne de plus pour brouter le budget; et la chose n'a pas d'importance. Allez-y carrément : s'il vous est agréable que votre fils aille fainéanter dans une sous-préfecture ou si vous désirez que je l'incruste, en qualité de bivalve, sur le banc d'huîtres du Conseil d'Etat, je verrai à vous satisfaire... A condition bien entendu, que vous cessiez immédiatement de le déguiser en Jérémie à l'usage des *pôvres* prolétaires.

Cette façon triviale de s'exprimer était habituelle à Legranpan lorsqu'il ne pérorait pas en public. Que sa bile fût en mouvement ou qu'il eût à se venger de quelque traîtrise, il cinglait sans mesure ses familiers. Mandrillat avait subi bien d'autres algarades avec indifférence; il était fait, de longue date, aux méchancetés du ministre. Mais ces révélations le bouleversaient car, très réellement, il ignorait l'adhésion de son fils au socialisme militant.

S'étant un peu repris, il déclara :

— Je vous répète que je ne savais rien de ces monstruosités... Sinon, j'y aurais mis bon ordre.

— Eh bien, prouvez-le. En attendant, n'est-ce pas, il ne faut pas compter sur moi pour banqueter sous vos auspices. Je ne tiens pas à ce que les papiers réactionnaires m'accusent une fois de plus de pactiser avec la Sociale. Il est également tout à fait inutile qu'un Lasies quelconque monte à la tribune, un jour où j'aurai été obligé de pincer de la guitare patriotique, pour insinuer que : «M. le Président du Conseil dit des choses louables, mais que ses amis les plus notoires font charrier, par leur progéniture, le fumier où les libertaires se proposent d'ensevelir le drapeau tricolore. » J'entends déjà les variations sur ce thème et les huées de la droite. Pour me tirer de là, je devrais jeter les socialistes par-dessus bord. C'est ce que je ne veux pas faire. J'ai besoin d'eux, ne fut-ce que comme épouvantails à bourgeois. Voilà mon gros. Maintenant, je me résume : un bouchon à l'éloquence de Mandrillat fils ou je lâche Mandrillat père avec fracas. Et il y aurait de la casse, car vous savez que j'ai en main de quoi vous chagriner.

Cette menace sans fard, terrifia le Vénérable. Il avait à se reprocher pas mal de tripotages politico-financiers qu'il désirait maintenir soigneusement dans la pénombre. La bienveillance, plus ou moins occulte, de Legranpan lui était essentielle. Il se leva et prit congé en certifiant, avec force trémolos dans le gosier, qu'il appartenait corps et âme au radicalisme et que jamais, au grand jamais, il ne lui était venu à la pensée de trahir ce rempart de la république qu'on nomme Legranpan.

— Bien, bien, c'est compris, sifflota Legranpan, d'une lèvre sceptique. Je vous jugerai à l'œuvre.

Mandrillat sortit, presque titubant. Il était si troublé qu'il heurta divers quémandeurs qui encombraient l'antichambre et qu'il négligea de s'excuser.

Resté seul, le ministre haussa les épaules.

— Dire, murmura-t-il, que nous avons besoin de pareils nigauds pour triturer la pâte bourgeoise.

L'amer dégoût que lui inspirait l'humanité, en général, et ses coreligionnaires politiques, en particulier, lui contracta la face. Pour se remettre, il reprit la rédaction d'une circulaire où les préfets étaient invités à sévir contre les religieuses qui, expulsées de leur couvent, auraient l'audace de se réunir, fut-ce dans une cave, afin de commettre le crime de prier en commun.

— Nous verrons bien si ces péronnelles se décideront à me ficher la paix, grognait-il en couvrant le papier administratif de sa petite écriture pointue.

CHAPITRE II

Tandis que son auto bien close le ramenait chez lui, boulevard Haussmann, Mandrillat tâchait de rassembler ses idées mises en déroute par l'admonestation de Legranpan. Il faisait bon marché des insultes dont le ministre l'avait parsemée. Mais ce qui le piquait au vif de sa vanité, c'était le peu de cas qu'on semblait faire de son importance. Quoi, lui, le fondateur du fameux comité-Mandrillat, puissant aux élections, lui, le dignitaire des Loges, lui qui versait des sommes pour parer à l'insuffisance des fonds secrets, lui, enfin, qui avait escompté le papier de Legranpan, à l'époque, assez récente, où les pires usuriers n'en voulaient plus, se voir traiter presque en importun ! Être fouaillé comme les besogneux du parti qu'on refrène, sans politesse, dès qu'ils font mine de s'émanciper !

Plein de rancune, il se remémora les services rendus. D'abord, en 1870, il avait expliqué aux républicains des quartiers excentriques combien Legranpan se montrait un éminent patriote en souhaitant la chute de l'Empire, même au prix du triomphe des Allemands. Il oubliait que Legranpan, devenu maire de Montmartre après le 4 septembre, l'avait récompensé en lui procurant la fourniture de brodequins aux semelles de carton pour la mobile. Plus tard, quand Legranpan exerçait son instinct de démolisseur à travers l'ordre moral et l'opportunisme, il avait subventionné les journaux faméliques où le « tombeur de ministères » distillait sa prose acrimonieuse. — Il négligeait de se souvenir qu'en retour, Legranpan, quoique hostile en apparence à la politique coloniale de la bande-Ferry, lui avait fait concéder de chimériques mines d'or au Tonkin : piège miroitant où maints fructueux gogos s'étaient laissés prendre. Puis n'était-il pas resté fidèle au temps où nombre de radicaux saluaient, comme un soleil levant, la barbe blonde de Boulanger ? — Il est vrai que ses capitaux étaient alors engagés dans une entreprise d'Outre-Rhin dont les fanfares du général effarouchaient les promoteurs.

Comment Legranpan avait-il reconnu son loyalisme ? En négligeant Mandrillat, en ne l'initiant pas aux dessous lucratifs de son entente avec les Anglais. En acceptant la tutelle financière d'un Juif bavarois qui, lors de la déconfiture du Panama, l'avait enlisé dans le plus sale bourbier.

Eh bien, lorsque Legranpan avait été exécuté à la Chambre par Déroulède, abandonné par les croyants à son étoile et jusque par les Pichons les plus serviles de son entourage, revomi, comme député, par les bourgs pourris les plus inféodés au radicalisme, qui l'avait réconforté ? Qui l'avait secouru quand, barbouillé de fange, criblé de dettes, il s'était vu réduit, pour vivre, à publier des contes vaguement idylliques dans des feuilles suspectes et des correspondances parisiennes, dans des *zeitung* viennoises ? Qui donc avait opposé un bouclier de procédure aux exploits brandis par le peuple d'huissiers que lançaient contre le rez-de-chaussée du grand homme des créanciers débordants d'arrogance? Qui lui avait découvert un siège de sénateur dans une circonscription vouée à l'anticléricalisme jusqu'à la rage? Qui enfin lui avait prêté de l'argent — sans intérêt — pour qu'il pût accrocher de la peinture impressionniste dans son cabinet de travail, renouveler ses chaussettes, traiter à sa table des diplomates britanniques, soigner son foie, chaque août, aux eaux de Bohême?

Lui, Mandrillat, et nul autre!

Récriminant de la sorte, le Vénérable ne s'avouait pas la raison foncière de cette solidarité si tenace. C'était que Legranpan avait toujours gardé par devers lui certaines pièces compromettantes dont la divulgation aurait obligé les magistrats les plus aveugles aux fredaines des soutiens du régime de recouvrer soudain la vue pour gratifier Mandrillat d'une villégiature à Fresnes.

Legranpan éprouvait d'autant plus de plaisir

à multiplier les coups de ce dur caveçon que s'il tenait Mandrillat, celui-ci ne le tenait plus. En effet, le temps était venu où la République, à court d'hommes d'Etat propres à incliner le bonnet phrygien devant tous les porte-couronne du continent et des îles, avait choisi l'esthète du radicalisme pour mener à bien la dissolution de la France. Maître du coffre-fort national, le nouveau président du conseil avait aussitôt remboursé son ancien complice. Puis il s'était payé des humiliations que Mandrillat — zélé mais balourd — lui avait inconsciemment prodiguées par des insolences à quadruple détente.

Toutefois, en compensation, il l'avait associé à divers péculats juteux. Surtout, il lui avait laissé le champ libre pour étrangler et dépouiller le troupeau plaintif des congrégations et pour déchaîner sur les biens d'Eglise cette meute goulue : les liquidateurs.

Il n'en restait pas moins ceci que Mandrillat ne pouvait plus spéculer sans subir le contrôle du ministre. Pareille sujétion ne s'était point vue depuis que les républicains, procédant au pillage du pays, sont parvenus à convaincre le suffrage universel que les médailles de l'antique Probité seraient désormais frappées à l'effigie de Marianne.

Aussi Mandrillat taxait-il Legranpan d'ingratitude.

— Voilà, gronda-t-il, j'ai toujours travaillé pour les autres et je n'en fus pas récompensé.

Tout le monde m'exploite, m'attire des affaires désagréables, puis m'abandonne dans les moments difficiles. Sans parler de Legranpan, qui se revanche de sa détresse passée en me faisant sentir qu'il n'a plus besoin de moi, personne ne me témoigne un désintéressement analogue à celui dont j'ai donné tant de preuves.

Il passa mentalement en revue sa clientèle. Ce n'étaient que sénateurs tarés et députés plus voraces que des renards après un hiver rigoureux, galope-chopines du barreau, juristes trop ingénieux dans l'art d'interpréter les codes, publicistes dont la conscience portait la pancarte : *à vendre ou à louer* : toute une fripouille qui se régalait de ses reliefs.

Plus proche de lui, sa femme, molle et nulle, épousée d'ailleurs pour sa fortune, puis réduite en esclavage.

Alors seulement son fils lui revint à l'esprit. Outré au souvenir du déboire qu'il lui devait, il murmura :— Celui-là, par exemple, paiera pour tous. Il voulut réfléchir aux moyens de museler le jeune homme. Mais il s'aperçut aussitôt qu'il le connaissait fort peu. Les années de collège accomplies, il aurait voulu en faire un docteur en droit qui eût mis sa science au service des entreprises paternelles. Or, Charles avait déclaré qu'il préférait se consacrer à des travaux historiques et il avait quitté la maison pour se loger sur la rive gauche. Tous deux se voyaient rarement et ne trouvaient rien à se dire lorsqu'ils se rencontraient.

Mandrillat était incapable d'admettre que quelqu'un de son sang pût pratiquer de bonne foi le socialisme. Qu'on se servît de cette doctrine pour duper certaines catégories d'électeurs, fort bien. Mais il y fallait du doigté. A coup sûr, Charles en manquait et il avait eu le plus grand tort de s'émanciper à l'étourdi, sans consulter les gens d'expérience.

Néanmoins, Mandrillat ne doutait pas de le faire renoncer, par menace ou persuasion, à ses équipées révolutionnaires. Il invoquerait au besoin son autorité de chef de famille. Naïf en cela, croyant à une morale dénuée de sanction, il ne comprenait pas que cent ans d'éducation individualiste ont mis à rien cette autorité. Il méditait une solennelle harangue, ignorant qu'à notre époque, les fils tiennent volontiers les pères pour de salivants Gérontes dont les propos ont tout juste l'importance des lariflas propagés par un morne tambour dans la nécropole où s'effritent les ossements des gardes nationales défuntes.

Le Vénérable tentait de forger des arguments décisifs. Mais la mémoire des révélations de Legranpan le lancinait à ce point qu'il entrait de plus en plus en colère. Si bien que quand l'auto s'arrêta devant sa porte, il tremblait de fureur mal contenue.

Il s'engouffra, en coup de vent, dans le vestibule et, dédaignant l'ascenseur, monta, d'un trait, jusqu'au troisième étage. Dans l'antichambre, au valet qui lui enleva sa fourrure, il demanda, d'une voix brève, si sa femme était à la maison. Sur la réponse affirmative, il commanda qu'on la fît venir au salon.

Lorsqu'elle entra dans cette pièce horriblement cossue, il arpentait, les mains au fond des poches, le tapis aussi laid que riche qui en couvrait le parquet. Et il frappait de tels coups de talon que les vitres frémissaient et que les pendeloques du lustre s'entrechoquaient avec un bruit fragile.

Mme Hortense Mandrillat n'eut qu'à regarder son mari pour reconnaître en lui les symptômes d'une tempête qui voulait éclater. Pliée dès longtemps au rôle d'une comparse à qui l'on ne demandait qu'un masque de déférence et une approbation à peu près silencieuse, elle s'assit, comme en visite, sur un pouf de peluche verte à ramages jaune-canari.

Sans préambule et comme s'il monologuait pour un écho ponctuel, Mandrillat narra son entrevue avec Legranpan. Bien entendu il se donna le beau rôle, traduisit les insultes du ministre en aimables avertissements et ne fit éclater l'orage que quand il en vint aux inconséquences de Charles.

— Je voudrais savoir, vociféra-t-il, planté soudain devant sa femme, comment tu as élevé ce chenapan?

Mme Hortense aurait pu répondre que ce soin avait été laissé à des précepteurs garantis par la Normale comme imbus des doctrines les plus néo-kantiennes. Mais toute ironie lui demeurait trop étrangère pour qu'elle en attisât le courroux marital. Elle examina furtivement le Vénérable depuis la pointe de ses cheveux grisonnants qui s'ébouriffaient jusqu'à l'extrémité de ses larges chaussures. Puis elle reporta son regard vide sur ses propres bagues et se contenta d'émettre un son qui tenait de la toux et du gémissement.

Mandrillat haussa les épaules et reprit sa promenade en criant : — Est-ce que j'ai eu le temps de m'occuper de ce garçon? Est-ce que tu ne devais pas le surveiller? A quoi es-tu bonne, je me le demande?

Ici encore, la mère eut été en droit d'objecter que nulle autorité ne lui avait jamais été concédée hormis sur les femmes de chambre et les cuisinières. Cette pensée ne lui vint même pas. Ne sachant que dire, elle chuchota qu'elle n'avait pas vu Charles depuis quinze jours.

— Et qu'est-ce qu'il t'a raconté la dernière fois qu'il est venu ?

Elle eut de la peine à s'en souvenir. Enfin elle mentionna confusément qu'il lui avait demandé quelque argent, en avance sur sa pension.

— Et toi, pauvre sotte, tu lui en as donné, n'est-ce pas ?... Devines-tu à quoi il a servi, cet argent ?

Mme Mandrillat explora en vain le désert grisâtre de son intelligence et fit un signe négatif.

— A préparer des ingrédients pour me faire sauter ! hurla le Vénérable.

Derechef il déambula, tandis que sa femme, ne se rendant guère compte de la catastrophe qu'il venait d'évoquer, demeurait immobile sur son pouf. N'étant présente que pour faciliter à Mandrillat une débâcle d'invectives, elle se tassa dans son inertie.

Toutefois, ce jour-là, Mandrillat sentait d'une façon vague, qu'un incident avait surgi qui, en saine logique, eût exigé qu'ils se concertassent au sujet de leur enfant.

Mais que résoudre, puisque lui ne savait rien du caractère de Charles et qu'elle semblait l'ignorer tout autant que lui ?

En somme, cette famille très actuelle comprenait trois personnages presqu'aussi étrangers l'un à l'autre que des touristes réunis, par suite d'un accident sur la ligne, au buffet d'une gare de transit.

Et que pouvaient-ils avoir de commun ? Le père, lourd de rapines, léger de scrupules, absorbé par ses intrigues dans le monde d'agitateurs et de fourbes qui dévalisent la France sous prétexte de démocratie. La mère, intendante machinale, évoluant des armoires à linge aux pots de confitures. Le fils, produit hétéroclite du mariage sans amour d'un sanguin pillard et brutal avec une lymphatique dont les sentiments affectifs s'étaient, dès longtemps, dilués dans un gélatineux égoïsme. Le premier, ne cherchant dans la vie que les moyens d'accroître une fortune mal acquise et de satisfaire des ambitions louches. La seconde, uniquement préoccupée d'éviter les bourrades du conjoint. Le troisième, soupçonné de choyer des théories dont le seul énoncé fait se figer d'effroi les moelles bourgeoises.

Entre eux nul lien fourni par une foi, nul idéal désintéressé, nul souci d'avenir un peu noble.

— Si je coupais les vivres à Charles? reprit Mandrillat au bout de quelques minutes employées à constater qu'il est fort difficile d'agir sur quelqu'un de qui l'on n'eut jamais cure.

Mme Hortense balança la tête comme pour indiquer que la chose était scabreuse. Puis réfléchissant que les mille francs mensuels économisés de la sorte lui reviendraient peut-être, entrevoyant un horizon de marmelades fines et de pantoufles fourrées, elle se permit une sourde approbation.

Mandrillat hésitait. Fermer sa bourse lui souriait. Car s'il se montrait parfois généreux lorsqu'il lui fallait domestiquer un politicien ou corrompre un fonctionnaire, il gardait un penchant à l'avarice dont il ne se départait, d'habitude, que pour mettre en liesse et combler voracement les plus grossiers de ses appétits. — D'autre part, son orgueil et son prestige pouvaient souffrir si le bruit se répandait que son fils traînait la savate.

— Enfin je verrai, conclut-il. Toi, puisque tu n'es pas capable de m'aider, préviens Charles que j'ai à lui parler... Oui, écris-lui de venir ici demain vers midi. Maintenant, ôte-toi de devant moi et tâche que le déjeûner soit prêt à l'heure.

Mme Hortense obéit avec d'autant plus d'empressement qu'un soufflé au fromage, dont elle voulait surveiller la réussite, l'attendait à la cuisine. Entre ce fils, si loin de son cœur et ce mets savoureux si cher à son estomac, le choix ne faisait pas doute : le soufflé avant tout.

Resté seul, Mandrillat résuma ses incertitudes par cet apophtegme défraîchi : — Il n'y a plus d'enfants.

Le démon aux yeux glacés qui veillait dans son ombre lui répondit peut-être : — C'est parce que, participant à ma stérilité, les hommes de ton acabit ne sont pas de vrais pères.

Mais Mandrillat ne l'entendit point.

CHAPITRE III

Parmi les ouvriers qui façonnent des matériaux pour construire cette Tour de Babel : la société sans Dieu ni maître de l'avenir, il faut compter plusieurs générations.

Ce furent d'abord les faux sages du xviiie siècle qui préconisèrent l'aberration fondamentale dite, en leur patois, perfectibilité de l'homme, entre autres, le fou bucolique et acariâtre Jean-Jacques Rousseau.

Puis viennent les dévots à Sainte-Guillotine, les protagonistes du drame burlesque et funèbre à la fois qu'on appelle la Révolution.

Suivirent les artisans des régimes bourgeois depuis cent ans. Ceux-là prétendaient asseoir leur domination par le maintien de la plèbe dans le respect du principe d'autorité. Comme s'ils ne lui avaient retiré toute vertu efficace en niant son origine surnaturelle, en développant le culte de l'individu, en favorisant la manie égalitaire. Seule, l'Eglise pouvait donner la vie et la durée aux institutions humaines. Or elle fut réduite aux fonctions d'un mécanisme administratif dont le clergé dut huiler les ressorts sous le contrôle de l'Etat.

Conséquence : les systèmes politiques essayés tous les trois lustres tombèrent en pièces les uns après les autres, pareils à des pantins dont un névrosé facétieux eût coupé les ficelles.

Quand la société bourgeoise en fut arrivée à ce degré de vermoulure où ses étais ne tenaient plus que par accoutumance, les partis républicains se mirent sur elle comme des champignons vénéneux sur une charpente humide. Et, en même temps, les tarets du judéo-maçonnisme précipitèrent leurs sapes. Ces parasites répandaient une puanteur telle que beaucoup d'âmes en furent suffoquées. Mais à ceux qui réclamaient contre cette pestilence, il fut répondu que c'était, au contraire, une bonne odeur de progrès dont, faute de perfectibilité, ils ne savaient apprécier les baumes.

Alors la postérité des philosophes pullula.

Tout le monde, ou à peu près, voulut régénérer l'humanité. Il y eut les socialistes qui cuisent des briques au foyer de l'enfer, pris, par eux, pour un four intensif du modèle le plus récent. Il y eut les anarchistes qui triturent le cambouis dont les gonds des portes de la Géhenne sont graissés, croyant gâcher du mortier pour l'édification du temple où l'homme s'adorera lui-même.

La Tour monta, elle monte encore, elle montera jusqu'à l'heure où le souffle du Saint-Esprit renversera le sanctuaire dérisoire et purifiera la face de la terre...

Ecoutons parler quelques-uns de ces possédés qui ne se doutent pas que le Mauvais affûte leurs outils et vérifie, en architecte méticuleux, les plans de leur bâtisse.

Charles Mandrillat reçoit une fois par semaine, dans son appartement de la Place Médicis, certains révolutionnaires venus là aux fins de divaguer sans contrainte. Ce ne sont ni les disciples d'un fabricant de panacée sociale, assemblés pour recueillir les préceptes du maître, ni des politiques se concertant pour l'élaboration d'un programme. Chacun d'eux demeure incarcéré dans son orgueil, se mire dans ses seuls rêves, refuse de se subordonner à qui que ce soit. Un lien toutefois les unit : la haine de l'autorité, que celle-ci se formule dans un dogme ou qu'elle s'abrite derrière un gendarme soigneusement nourri d'athéisme. Ils se trouvent d'accord tant qu'il s'agit de souhaiter, avec rage, l'abolition des idées religieuses ou la destruction du capitalisme, de vilipender la famille ou de trépigner sur la patrie. Mais dès qu'ils ont cessé d'exhaler leurs fureurs, ils ne pensent plus guère qu'à cultiver l'hypertrophie de leur Moi. Affirmer l'excellence de leur personnalité, tel est le soin presque unique auquel ils se livrent. Aussi leurs colloques se ramènent-ils le plus souvent à une série de monologues où le Moi s'enfle comme une montgolfière pleine de fumées impétueuses. Les uns se montrent intelligents, les autres bornés ; tous flottent parmi les nuages de l'abstraction et prennent pour les accords précurseurs de l'harmonie future les ricanements de la bise diabolique qui les emporte.

Un de ces anarchistes, inclus dans les bras d'un fauteuil, au coin de la cheminée où du coke crépite, pérore en étirant les fils d'une dialectique coriace :

— Moi, je pense qu'en aucun cas nous ne devons nous grouper pour une action commune. Je n'admets pas que l'individu se contraigne, même pendant une demi-heure, à une entente qui restreindrait son initiative.

Cet homme libre, nommé Jean Sucre, s'est rendu l'esclave des mille peines qu'il prend pour s'assurer que personne ne l'influence. Une raie prétentieuse partage sa chevelure. Glabre et blondasse, il parle d'une voix tranchante sans détourner les yeux de la cigarette que pétrissent le pouce et l'index de sa main gauche.

Jules Greive, ex-cordonnier devenu l'apôtre du Rien dans une feuille qui se veut le *Moniteur de l'Anarchie*, tête ronde et rase, face adipeuse que coupe une moustache en brosse de caporal-clairon trois fois rengagé, proteste.

S'étant donné la mission de maintenir la pureté de la doctrine, il n'admet pas qu'on empiète sur son domaine.

— Moi non plus, rétorque-t-il, je n'entends pas qu'on restreigne les initiatives. Seulement, si plusieurs camarades se sont mis d'accord pour un acte de propagande, qui les empêche de manœuvrer ensemble, le temps d'obtenir un résultat? Bien entendu, personne ne commanderait, et aussitôt le but atteint, le groupe se dissoudrait afin d'éviter tout ce qui ressemblerait à une organisation permanente.

Un troisième, maigre et long, serré dans une guenille, qui fut une redingote noire, objecte :

— Et si pendant que le groupe agira, il vient à l'un de ses membres une conception nouvelle touchant le moyen de réussir, l'expulsera-t-on ou le suivra-t-on?

— Pas du tout, répond Greive, ceux qui seront d'avis que son idée est bonne l'aideront, les autres poursuivront le projet primitif.

Sucre ricane :

— Et si sur dix individus, supposons, dont se composera le groupe, il y en a neuf qui, en cours d'exécution, changent d'avis, que fera-t-on ?

— Chacun tirera de son côté, affirme Greive, mais il n'est pas probable que les choses en viennent là.

— Oh si, au contraire, c'est très probable. Et nous en avons fait l'expérience chaque fois que nous avons tenté de nous grouper. J'en reviens donc à ce que j'ai dit : que chacun travaille de son côté, à démolir la patraque sociale. Après, on verra... D'ailleurs, Greive, je m'étonne que tu me contredises, toi qui passes ta vie à excommunier quiconque parle d'organisation.

Désarçonné, Greive chercha une échappatoire :

— Dans la société future... commença-t-il.

— Pardon, laissons la société future en repos. Ni toi, ni moi ne savons comment elle se comportera...

— Occupons-nous du présent, s'écrie un quatrième interlocuteur qui, trapu et hirsute, faisant clignoter ses petits yeux vairons bordés de rouge, multiplie les signes d'impatience, depuis quelques minutes.

Charles intervient :

— Vous rappelez-vous de quoi il était question ? demande-t-il du ton le plus calme.

Tous durent faire un effort pour s'en souvenir. Il en allait toujours de même. Ils commençaient par délibérer sur une donnée plus ou moins positive. Puis leur penchant à l'abstraction reprenait bientôt le dessus et c'étaient alors des bavardages infinis où chacun, sûr de soi, visait au penseur.

Les voyant embarrassés, Charles ne put s'empêcher de sourire. Eclaircie brève car sa physionomie reprit immédiatement l'expression de tristesse qui lui était coutumière.

Cependant Jourry, l'homme aux yeux rouges, dit d'une voix sourde et comme à regret :

— Il s'agissait de fabriquer des bombes.

Les autres se taisaient, évitant de se regarder comme si les images de meurtre évoquées par cette phrase leur eussent causé du malaise.

— C'est Chériat qui a proposé cela, dit Sucre avec une sorte de répugnance.

Le maigre à la redingote minable se dressa. Avançant sa mâchoire prognathe où se clairsemaient des dents ébréchées, il proféra :

— Parfaitement, c'est moi. Voilà plus de dix ans que nous n'avons fait danser les bourgeois sur l'air de la dynamite. Depuis que les parlementaires ont voté leurs fameuses lois de répression, les anarchistes se tiennent cois : ils ont peur. Mais moi, j'en ai assez de crever de faim. Mourir pour mourir, je veux me venger de cette ignoble société.

Or, les babillards de tout à l'heure gardaient de plus en plus le silence. Cette invitation trop nette à l'assassinat les gênait. Ils voulaient bien argumenter, à perte de salive, sur les bienfaits du terrorisme. Ils n'éprouvaient point de scrupule à verser l'esprit de révolte dans les cervelles obtuses de la plèbe. Mais tout acte décisif, qui les aurait sortis du monde de chimères où ils se cloîtraient, leur était importun. Puis des arrière-pensées, plus personnelles, ne laissaient pas de les retenir.

— Tu vas trop vite, Chériat, dit enfin Greive, tu oublies qu'au temps de Ravachol et de Vaillant, le peuple ne nous a pas compris. Au lieu de se soulever comme nous l'espérions, il s'est mis contre nous avec les bourgeois. Nous devons lui inculquer les principes...

Mais le maigre, plein d'amertume :

— Quels principes ? Je n'en connais qu'un seul : tout jeter par terre. Et puis est-ce que tu te figures, par hasard, que les ouvriers lisent tes articles ! Ah ! là, là, les boniments du compagnon Greive sur l'individualisation de la solidarité !.... Ils aiment mieux un bon de soupe. Et toi, Jourry, avec ta manie de coller des étiquettes subversives dans les vespasiennes, tu t'imagines préparer la révolution ? Non, ce que je me tords quand je découvre un de tes petits papiers ! Et toi, Sucre, qui donnes des conférences, à l'université populaire de la rue Mouffetard, sur l'esthétique du Vinci ! Demande donc un peu, aux chiffonniers et aux apprentis-tanneurs de ton auditoire leur opinion sur le sourire de la Joconde. Ils te répondront qu'ils s'en fichent éperdument. Paie-leur une absinthe — sans sucre. Ce sera plus sérieux que de les scier avec tes tirades sur « le relèvement du peuple par la compréhension des chefs-d'œuvre ». Rien qu'à répéter cette baliverne dont tu te gargarises, si volontiers, je sue, ma parole.

A cette apostrophe, Sucre haussa dédaigneusement les épaules. Mais les deux autres se sentaient piqués au vif. Heureux du prétexte que Chériat leur fournissait de jaboter, ils s'épandirent en un flux de mots vagues. Greive soutenait que la théorie c'est de l'action. Il préparait, disait-il, un aggrégat évolutif où les besoins individuels se proportionnaliseraient aux contingences communautaires. Trouant cet opaque galimatias de cris vindicatifs, Jourry vantait ses travaux et soutenait qu'il faut instruire le peuple par endosmose, vocable qu'il avait cueilli dans un traité de vulgarisation à bon marché et dont il aimait à s'emplir la bouche.

Naguère Chériat aurait pris part à la logomachie car bourdonner dans le vide avait été l'un de ses plus intenses plaisirs. Mais la misère l'éprouvait si fort depuis quelques mois que les hurlements de son estomac lui avaient presque rendu le sens de la réalité. Il détestait ses contradicteurs à les considérer gesticulant et lâchant des cascades de niaiseries pompeuses. Surtout l'air de mépris supérieur affecté par Jean Sucré l'exaspérait.

— Vous êtes des fantoches, déclara-t-il, tandis que Greive et Jourry reprenaient haleine. Pas un de vous n'oserait appliquer la doctrine qu'il prêche. Tant qu'il s'agit de déclamer sur des tréteaux de réunions publiques, on vous trouve. Mais si l'on vous proposait seulement de desceller un pavé pour construire une barricade, vous vous enfuiriez par delà les antipodes…. Eh bien, moi, je vous mettrai au pied du mur. Oui ou non, êtes-vous disposés à fabriquer quelques bombes et à me procurer un asile lorsque je les aurai jetées dans des endroits que je sais bien ?

Ils ne répondirent pas tout de suite. C'est que les perspectives ouvertes par ce frénétique ne les enthousiasmaient guère. Jourry et Greive avaient goûté de la prison lors des explosions anciennes et ils ne tenaient pas à réitérer. Le premier devenu propriétaire d'un petit restaurant recommandé par la C. G. T. s'était fait une clientèle d'ouvriers appartenant aux divers syndicats parisiens. Il vivotait paisiblement parmi les ragoûts, les vins frelatés et les discours emphatiques. Affronter les descentes de police, risquer la fermeture de sa gargotte lui semblait superflu. Le second tirait des ressources de son journal. Il ne voulait pas que des violences intempestives le fissent supprimer. Puis il s'était arrangé une existence douillette entre deux vieilles folles qui, le prenant pour un Messie, lui prodiguaient les jus de viande et les gilets de flanelle.

Quant à Sucre, c'était un oisif, muni de quelques rentes. Il trouvait amusant d'ébahir sa famille par ses propos libertaires. Il jouait à l'anarchiste comme certains de ses pareils collectionnent des timbres-poste ou pêchent à la ligne. Mais il se souciait peu de subir les tracasseries et les perquisitions que lui attirerait cet agité, s'il favorisait sa rage destructive.

Tous trois n'entendaient cependant point passer pour des tièdes. Ils s'irritaient à l'idée que Chériat, ce pion chassé de vingt collèges parce qu'il avait tenté d'inculquer l'anarchisme à ses élèves, ce fruit sec de tous les concours qui posait au génie méconnu, allait plus loin qu'eux dans la logique révolutionnaire.

— J'ai fait mes preuves, dit Greive, j'ai passé trois ans à Clairvaux. J'ai le droit de m'abstenir parce que je juge que le peuple n'est pas encore mûr pour comprendre la beauté de l'action directe.

— Tu es gras et tu manges tous les jours, répondit Chériat, moi, je passe souvent vingt-quatre heures sans rien dans le ventre. Mes festins sont des fonds de gamelle aux portes des casernes ou des épluchures aux halles.

Sucre pontifia :

— Quand viendra *le grand soir*, je serai là. Je brandirai la torche et la hache. Mais il est trop tôt : je me réserve pour parfaire l'émancipation morale de l'individu.

Et Chériat riposta :

— Tu t'emmitoufles dans des paletots rembourrés d'ouate. Moi je grelotte sous des haillons troués

Alors Jourry, soupçonneux comme un Jacobin de la bonne époque, brailla :

— Tu n'es qu'un agent provocateur !

Chériat verdit sous l'outrage et leva la main pour frapper. Mais, se maîtrisant soudain, il se contenta de désigner son corps réduit à l'état de squelette et de dire d'un ton d'ironie amère :

— Oui, n'est-ce pas, ce sont les subventions de la Préfecture qui m'arrondissent la panse ?

Un peu honteux de leur égoïsme, les autres blâmèrent Jourry qui, sentant lui-même qu'il était allé trop loin, s'excusa d'une phrase bourrue.

Charles, qui n'avait pris aucune part à la querelle et gardait l'attitude lointaine d'un homme hanté d'une idée fixe, intervint :

— Que décidez-vous ? demanda-t-il comme s'il se réveillait d'un songe.

Ils se regardèrent embarrassés, cherchant des mots lapidaires pour se ménager une sortie sans conclure. Vidés par deux heures de diatribes incohérentes, ils ne purent rien trouver.

Enfin Greive : — J'étudierai la question.

Et Sucre : — Je verrai.

Et Jourry : — Je réfléchirai.

— Allez au diable, leur jeta Chériat entre

deux quintes d'une toux convulsive qui, depuis quelques minutes, lui déchirait la poitrine. Il porta son mouchoir à sa bouche puis le montra teint de rouge.

Ils n'allèrent pas au diable, *puisqu'ils y étaient déjà*, mais ils prirent congé à la hâte tant le spectacle de ce malheureux, pareil à un reproche vivant leur était indigeste.

En tête-à-tête avec Chériat et sans écouter les injures que celui-ci prodiguait aux fuyards, Charles alla vers une console encombrée de bibelots. Il y choisit une sphère en bronze de la grosseur d'une orange, puis revint à la cheminée où Chériat suffoquant s'adossait. Il la fit sauter deux ou trois fois dans sa main comme si c'eut été une balle d'enfant.

Cet étrange joujou intrigua le réfractaire :

— Qu'est-ce que c'est que ça? demanda-t-il.

— Une bombe, répondit tranquillement Charles.

Puis comme l'autre qui parlait volontiers 'engins explosifs, mais qui n'en avait jamais u, écarquillait les yeux, il remit l'objet en place et dit, sans paraître remarquer la surprise de son ami :

— Sortons ; je t'emmène dîner chez Foyot.

Chériat montra ses guenilles d'un geste qui signifiait qu'elles feraient tache dans ce temple de la cuisine bourgeoise.

Mais Charles lui prit le bras et l'entraîna dans l'escalier :

— Peuh ! nous prendrons un cabinet, déclara-t-il.

Et tout en descendant les marches il fredonnait, d'un gosier railleur, le refrain de la chanson que le rhapsode Paul Paulette composa sur l'air de cette romance illustre, *le Temps des Cerises* :

Quand nous en serons au temps d'Anarchie,
La joie et l'amour empliront les cœurs...

CHAPITRE IV

M Auguste Mandrillat attendait son fils en réfléchissant aux moyens de le remettre dans cette voie du radicalisme profitable où lui-même florissait. Grâce à une contre-enquête menée par l'un des jeunes arrivistes qui gravitaient autour de sa lourde personne, il s'était assuré que Charles ne se compromettait pas au point qu'il fallût le traiter en trouble-fête dont on réprime les écarts. D'abord Legranpan avait exagéré, sans doute dans le dessein de terrifier méchamment le Vénérable. Charles avait, il est vrai, publié naguère trois articles virulents dans la feuille que dirigeait Greive. Mais il n'avait discouru qu'une seule fois devant un quarteron d'anarchistes. Enfin, il n'avait introduit aucun révolutionnaire au domicile paternel, puisqu'il habitait de l'autre côté de l'eau et que lorsqu'il venait, de loin en loin, boulevard Haussmann, il était toujours seul.

Tout se réduisait donc à des fredaines de politicien en herbe, à des pétarades de poulain qui caracole dans les prés défendus mais qui, lorsque l'appétit lui viendra, se laissera docilement attacher au col une pleine musette d'avoine budgétaire.

Et puis Legranpan avait-il qualité pour se montrer aussi pointilleux ? Deux de ses ministres n'étaient-ils pas des socialistes apprivoisés qui, la veille encore, préconisaient la crosse en l'air dans l'armée et la grève générale dans les syndicats ? Ce couple n'encombrait-il pas les bureaux de collectivistes chargés, pour toute besogne, de maintenir la popularité de leurs patrons parmi les faubourgs ?

Eh bien donc, si le président du conseil revenait à la charge, Mandrillat ne s'interloquerait plus et saurait de quelle façon lui retourner ses sarcasmes. Quant à Charles, il avait préparé, croyait-il, de quoi le convaincre qu'il y a temps pour tout. Certes, il trouvait à propos qu'un débutant dans l'art d'illusionner le travailleur se badigeonnât de socialisme, la mode y portant. Mais prendre au sérieux les déclamations sur la justice sociale que « le progrès des lumières » oblige de servir à la foule, non pas. Si son fils montrait quelque scrupule, il feindrait la bonhomie et le traiterait en cadet sans expérience qu'une douce réprimande, enguirlandée de promesses, ramènera dans le giron de la République d'affaires.

Dès que, prévenu par sa mère, le jeune homme entra, le Vénérable prit une mine joviale pour lui serrer la main et entama tout de suite le propos qu'il avait combiné.

— Ah! Ah! mon garçon, il paraît que nous faisons nos farces ? Nous voilà bien vu par les citoyens de la Sociale et nous trépignons sur ce pauvre ministère... Je comprends, je comprends. Moi, à ton âge, je taquinais l'Empire et c'était le bon temps. Mais aujourd'hui, nous tenons la République et il est bon de consulter les vétérans pour savoir d'où le vent souffle, avant de hisser sa voile...

Et le papa Mandrillat t'a fait venir tout exprès afin de t'orienter comme il sied. Tu comprends qu'il serait par trop bête de ne pas nous entendre. Passe pour tes articles dans le *Moniteur de l'anarchie*, passe pour ton discours au picrate de la salle Joblin — tu vois que je suis au courant de tes équipées — mais il ne faut pas que, sous prétexte de fusiller les préjugés, tu tires dans les jambes à ton père.

Il s'interrompit pour vérifier l'effet produit. Or, Charles ne bronchait pas. N'ayant jamais rien caché de ses actes, il ne s'étonnait pas que le Vénérable en fût informé. D'autre part, il connaissait trop son égoïsme pour admettre qu'une tendresse anxieuse, une sollicitude réelle inspirassent ces effusions papelardes. Ou l'on avait besoin de lui ou il entravait son père au cours de quelque intrigue. Dans l'une ou l'autre occurrence, son parti était pris. Aussi fut-ce avec le plus grand calme qu'il répondit :

— En effet, je suis anarchiste. Y voyez-vous un inconvénient ?

A part soi. Mandrillat s'ébahit de ce ton placide. Toi, pensa-t-il, tu veux m'épater, mais tu n'es pas de force. Assurant son masque d'indulgente cordialité, il reprit :

—Anarchiste, moi aussi parbleu ; au fond, nous le sommes tous...

... C'est l'avenir, cela, le bel avenir. Un idéal superbe, je ne dis pas le contraire. Mais il est besoin d'aller pas à pas et de ne pas risquer la culbute par trop de précipitation. Nous voulons le bonheur du peuple, c'est entendu, mais sans nous emballer. Ainsi, regarde Legranpan ; ses livres sont des cantiques à la gloire de l'humanité libre. Cela ne l'empêche pas de montrer de la poigne quand les mineurs ou les vignerons se mutinent...

— Et d'incarcérer ou de faire sabrer ceux qui appliquent ses théories, interrompit Charles.

— Oui, sans doute, c'est un peu vif. Mais que veux-tu ? La politique a parfois des nécessités pénibles. Et puis il y a un tas de meneurs qui voudraient bien nous chiper le pouvoir. Pas de ça, démagogues, la place est bonne : nous entendons la garder.

Il éclata d'un gros rire qui tintait comme un sac d'écus remué. Charles, cependant, restait impassible, n'estimant pas qu'il y eut lieu de s'égayer. Puis comme son père reprenait son sérieux, il demanda :

— Est-ce pour me dire cela que vous m'avez fait venir ?

— Non, non, c'était d'abord pour te mettre en garde contre les imprudences de conduite et surtout pour te proposer quelque chose de pratique. Je comprends bien quel était ton but lorsque tu t'es mis à jouer de la révolution dans les milieux ouvriers. Tu visais, n'est-ce pas, un mandat de député dans une circonscription rouge. Mais, je te l'assure, cela devient de plus en plus difficile : il y a tellement de concurrence ! Tu risques d'être évincé par un plus adroit que toi. Tu me citeras Briais. En, effet, il a réussi l'escamotage. Le voilà ministre après avoir marivaudé, pendant toute sa jeunesse, avec les anarchistes. Mais toi, ton cas est différent : tu es le fils de Mandrillat, pilier du radicalisme. Si tu veux m'écouter, je me charge de te procurer une position sans que tu aies besoin de te déguiser en sectateur de Bakounine. Laisse-moi faire et je te garantis qu'il ne se passera pas beaucoup de temps sans que tu palpes les quinze mille balles. Une fois député, tu seras mon lieutenant et tu verras les bons coups que nous ferons ensemble en roulant les imbéciles.

— Que faut-il entreprendre ? demanda Charles qui, pour des raisons à lui connues, voulait que son père dévoilât entièrement ses projets.

Mandrillat crut la partie gagnée. Il prit le ton confidentiel d'un Clopin Trouillefou révélant à un néophyte les tours les plus propres à berner les bonnes gens qui font confiance à la République.

— Voici comment nous allons procéder. D'abord, je te fais entrer dans la maçonnerie. J'aurais dû y penser depuis longtemps, mais je suis si occupé que, ma foi, j'avoue ma négligence. Donc je t'affilie à la Loge que je préside : *le Ciment du Bloc* ; c'est une des plus nombreuses et peut-être la plus influente. Dès que tu es initié, tu prends connaissance des fiches que nous possédons non seulement sur tous les fonctionnaires, mais sur le clergé, la noblesse, les commerçants, bref sur quiconque nous paraît susceptible de déterminer des votes dans un sens qui soit favorable ou hostile à nos protégés. Tu choisis ou plutôt je t'indique un département facile à aiguiller dans le sens qui nous importe. Il faut te dire que nous avons institué des délégués qui surveillent la province au point de vue électoral. Ce nous est très précieux pour maintenir les populations dans le devoir républicain. Tu t'installes au chef-lieu et tu t'y fais reconnaître par la Loge de l'endroit. Officiellement tu es chargé de réunir des chiffres pour le service de statistique au ministère du commerce. Je te ferai donner les pouvoirs nécessaires. Tu interroges adroitement l'un, l'autre, tu tires les vers du nez aux fournisseurs des gens riches, tu suis de près les manigances des prêtres ; tu notes les zélés, les tièdes, les indifférents. Tu te défies de tout le monde, même de nos frères, car il y en a beaucoup parmi eux qui, se posant en anticléricaux fougueux, tolèrent néanmoins que leurs femmes pratiquent. Tu gardes toujours l'œil ouvert sur les officiers : rien de plus suspect que ces traîneurs de sabre, même lorsqu'ils se disent radicaux. Tu relèves les conversations et les mœurs publiques ou privées des réactionnaires les plus incoercibles comme celles des énergumènes de la Sociale. Enfin tu vois tout, tu te renseignes sur tout. Et, chaque semaine, tu nous adresses un rapport où tu as consigné tes observations ; tu y joins les papiers compromettants que tu tâcheras de subtiliser aux personnages qu'il nous est utile de tenir sous notre coupe.

— En somme, résuma Charles, j'acquiers des titres à rédiger le manuel du parfait mouchard.

— Mais non, mais non, tu emploies des mots vraiment singuliers... Il ne s'agit pas d'une besogne policière. On te demande seulement de remplir le devoir d'un bon citoyen en mettant ceux qui gouvernent la République à même de déjouer les complots des réactionnaires et des cléricaux.

— Soit, et après ?

— Lorsque tu as pris pied quelque part, tu

poses des jalons pour ta candidature à la
Chambre. A ce propos, je t'engage à choisir
une région sucrière. Les électeurs y sont fort
maniables, pourvu qu'on leur parle sans cesse
de protéger, d'encourager, de subventionner
l'industrie qui les fait vivre. Tu te voues donc
à la betterave. La betterave ouvre et ferme tous
tes discours. Si tes concurrents cherchent des
diversions, tu leur clos la bouche en y intro-
duisant la betterave fatidique. Il faut que culti-
vateurs, gérants de râperies, entrepreneurs de
charrois ne puissent penser à toi sans te voir
occupé à serrer une betterave sur ton cœur Ta
profession de foi se ramène à ceci que la betterave constitue le palladium de la France... En
outre, tu te présentes comme radical-socialiste.
Cela c'est essentiel : c'est comme si tu te disais à
la fois conservateur en ce qui regarde la pro-
priété et révolutionnaire en ce qui concerne les
idées. Tu amalgames de la sorte la sympathie
des bourgeois qui souffrent tout à condition
qu'on leur garantisse une digestion paisible et
les suffrages des ouvriers qui s'imaginent que
ton étiquette signifie la journée de deux heures

avec des salaires monstrueux et la course en quatrième vitesse vers le paradis terrestre. Si durant tes tournées, tu tombes dans un endroit où le clergé garde, par hasard, quelque prestige, tu lui assènes sur la tonsure une série d'arguments des plus topiques... Oh! tu n'as pas besoin de te surmener l'intellect pour cela. Tu n'as qu'à déballer la ferblanterie habituelle : les ténèbres du Moyen Age, Galilée, la révocation de l'Edit de Nantes, les manœuvres des Jésuites pour rétablir l'inquisition... Rien de plus facile et cela prend toujours. Ainsi ton programme tient tout entier dans ces quatre points : vénérer la betterave, affirmer aux propriétaires que tu resteras fixe dans la défense de leurs intérêts, jurer au peuple que tu galoperas sur la route des réformes et manger du curé. Et je réponds de ton élection : une fois nommé, tu ne peux pas te figurer jusqu'où tu iras, surtout étant dirigé par moi. Si je t'énumérais tout ce que nous entreprendrons, j'en aurais pour jusqu'à demain.

— Donnez-moi quelques exemples, dit Charles.

— Hé, il y a cent rubriques ! Mais une démarche essentielle, c'est de faire alliance avec les Juifs... Ah ! mon ami, la Juiverie, quelle mère pour nous ! Elle tient l'or, comprends-tu, et l'or, c'est tout... Eh bien, qu'en penses-tu, dois-je te mettre le pied à l'étrier ?

Il s'attendait à un débordement d'enthousiasme. Mais Charles se taisait. Il s'était accoudé à un guéridon et baissait la tête comme pour dissimuler au Vénérable l'expression de sa physionomie.

Tous deux formaient le plus étrange contraste. Le père, haut sur jambes, ventripotent, exubérant, la figure gonflée d'astuce et comme éclairée par un reflet de cet or divin dont il venait d'évoquer les magies. Le fils, petit de taille, presque chétif, le teint mat et les lèvres minces. Ses yeux très noirs demeuraient impénétrables sous un front bombé que partageait la ride verticale des méditatifs et que surmontait une sombre chevelure aux mèches désordonnées. Et comme ses mains pâles qu'attachaient des poignets délicats s'opposaient aux métacarpes velus et spoliateurs de son père ! Que pouvait-il y avoir de sympathie entre ce gros homme remuant et sonore et ce frêle garçon muré dans le silence ?

Cette réserve embarrassa d'abord Mandrillat puis ne tarda pas à l'irriter. Depuis ses succès, il s'était accoutumé à ce qu'on pliât devant lui et à ce qu'on approuvât ses dires les plus saugrenus. La rêverie taciturne où se retranchait son fils lui parut l'indice d'une rébellion. Déposant donc les formes captieuses auxquelles il venait de s'astreindre à grand'peine, il dit brusquement :

— Tu te tais ! Ah ça, j'espère que tu ne prétends pas te galvauder davantage en compagnie des voyous de la Sociale ? Je t'avertis que je ne le tolérerais pas. Que décides-tu ? Fais-moi le plaisir de répondre sans barguigner.

Charles voulut éviter une querelle. A quoi bon laisser voir à son père que ses propositions l'écœuraient ? Témoigner du dégoût eut été fort superflu, car une douloureuse expérience lui avait appris que Mandrillat rangeait les scrupuleux dans cette catégorie d'honnêtes gens qu'il appelait des imbéciles. Il n'aurait pas compris non plus qu'on refusât d'entasser des sacs d'or ignominieux sous le patronage des Juifs. Une seule chose importait : garder sa liberté, en obtenant de son père qu'il se souciât aussi peu de lui que par le passé.

— Vous n'avez plus à craindre, fit-il enfin, que je nuise à vos opérations par mes rapports avec les socialistes. Il y a longtemps que j'ai cessé de fréquenter leurs réunions et je n'ai pas envie de recommencer. Je puis également vous promettre qu'on ne lira plus ma prose dans la feuille révolutionnaire qui vous inquiète. N'est-ce pas, ce que vous désirez avant tout, c'est que je ne compromette pas votre nom ? Eh bien, vous serez satisfait.

Mandrillat se rassérénait :

— A la bonne heure, s'écria-t-il, mais tu ne me dis pas si tu es disposé à travailler au bien de la République sous ma direction. Voyons, faut-il que je mette les fers au feu ?

— Excusez-moi ; je ne me sens pas apte à jouer le rôle que vous désirez m'attribuer. Dispensez moi de vous donner mes raisons ; je crains que vous ne les admettiez pas. Nous n'avons peut-être pas la même manière d'envisager la politique radicale, ajouta-t-il d'un ton où, malgré lui, perçait quelque ironie.

Il se reprit immédiatement et continua :

— Je ne saurais me montrer pratique comme vous l'entendez. Supposez que je suis un rêveur ou, tenez, plutôt, un homme qui prend son temps pour agir mais qui, une fois déterminé, ira droit au but avec la précision d'un obus dont un pointeur expert aurait calculé la trajectoire.

Comme il articulait cette dernière phrase, un feu si lugubre éclaira ses prunelles que Mandrillat eut presque peur. Quelles pensées redoutables s'agitaient dans cette cervelle ? Il n'osa se le demander. Une atmosphère tragique venait soudain de se créer entre le père et le fils.

D'instinct le Vénérable tenta de réagir :

— En voilà une comparaison ! Ma parole, tu me montres une figure... diabolique. Enfin, est-ce que tu as abandonné tes travaux d'histoire ? A quoi t'occupes-tu en ce moment ?

Charles eut un sourire ambigu pour répondre :

— Je fais de la chimie... métallurgique.

A ce coup, Mandrillat s'épanouit :

— Très bien, très bien, s'écria-t-il, je parie que tu veux opérer sur les machins, les choses, les moteurs ? Excellente idée. Tu peux compter sur moi, le cas échéant, pour la commandite... Mais ne peux-tu pas m'indiquer à grands traits, là, en trois mots, de quoi il retourne ? Je te donnerais peut-être un bon conseil.

Charles secoua négativement la tête :

— Personne ne saurait me conseiller... Tout ce que je puis vous dire, c'est qu'il s'agit d'une... projection qui fera beaucoup de bruit.

Mandrillat était tout à fait rassuré :

— Ah ! sournois, dit-il en se frottant les mains, tu crains que papa te chipe ta trouvaille... A ton aise, à ton aise, garde ton secret. Tu me mettras au courant quand tu le jugeras à propos.

— Vous n'aurez pas lieu de me reprocher que j'ai agi en cachette quand le moment sera venu de manifester ma... découverte.

— Allons, je vois qu'il faut te laisser la bride sur le cou... Marche, mon garçon. Seulement, il est bien convenu que tu cesseras de faire risette à la Sociale. Sinon, je me fâche et, alors, gare la bombe !

— Vous avez raison : gare la bombe, répéta Charles, avec un rire sec qui exprimait tout ce qu'on voudra sauf de la gaîté.

— Tope là, nous sommes d'accord. Et maintenant tu restes à déjeûner avec ta mère et moi?

— Impossible : je suis attendu.

— Par quelqu'un d'important ?

— Par un chimiste... occasionnel, dit Charles qui pensait à Chériat, malade chez lui et au lit depuis la veille.

— Ah! ah! quelque inventeur... Tâche de le rouler et surtout, ne manque pas de prendre le brevet à ton nom.

— Je prendrai *tout* à mon nom, affirma Charles en gagnant la porte et sans paraître remarquer la main que son père lui tendait.

Quand il fut sorti, Mandrillat resta quelques

minutes immobile, à réfléchir. Si figé qu'il fût dans son égoïsme, il avait l'obscure intuition que « la chair de sa chair » souffrait profondément. On a beau être un agioteur fouillant d'une griffe avide les ruines d'une société, on garde toujours un peu de faiblesse humaine.

Ce jeune homme, qu'on devinait si ardent sous ses apparences de froideur, c'était son fils — après tout ! Eh ! quoi, ils avaient dialogué comme deux étrangers, sans échanger le moindre mot d'affection. Une lourde tristesse s'apesantit sur son cœur. — Il la secoua, du reste, aussitôt.

— Bah ! se dit-il, de deux choses, l'une : ou bien c'est un chimérique qui vit dans ses rêves et qui ne sera jamais bon à rien. J'aimerais mieux qu'il tînt de moi. Mais s'il lui plaît de fainéanter, ma fortune me permet de l'entretenir sans exiger qu'il me serve. Ou bien, il croit nécessaire de se prouver son indépendance en manœuvrant tout seul. Lorsqu'il aura battu la campagne en long et en large, il me reviendra. Je pourrai alors l'utiliser. En tout cas, je suis maintenant certain qu'il ne me gênera plus... Allons, laissons couler un peu d'eau sous les ponts. Je prévois que d'ici trois semaines, ce vieux farceur de Legranpan présidera mon banquet.

CHAPITRE V

Cette entrevue qu'il vient d'avoir avec son père suscite en Charles une houle d'idées sombres. Suivant les rues qui le ramènent à son logis, il se rappelle ce qu'il a souffert depuis le jour où il prit, pour la première fois, conscience de lui-même. Elle ressuscite, dans une clarté morose, son enfance soumise à des pédants qui lui inculquaient, d'une voix ennuyée, des bribes de savoir coriaces. On l'avait bourré de notions hétéroclites d'après les « plus récentes découvertes de la science » et on l'avait, par dessus tout, mis en garde contre la morale chrétienne. Il avait, de la sorte, appris que l'Église exploite l'humanité en lui serinant des fables absurdes et en l'affolant par la menace d'un croquemitaine surnommé Dieu. Quant aux prêtres, ils constituaient, lui affirma-t-on, une association de malfaiteurs dont la République avait pour objet principal de déjouer les ruses et de réprimer les brigues.

L'histoire lui fut accommodée à la sauce Aulard. On lui enseigna que la Révolution avait inauguré une ère de bonheur universel où bientôt tous les citoyens occuperaient leur existence à festoyer parmi des victuailles sans cesse renouvelées et des ruisseaux de vin. Lorsqu'il demanda quelle entité miraculeuse présidait à l'évolution vers cette godaille infinie, on lui répondit que c'était le Progrès. Il salua respectueusement l'idole mais ne put s'empêcher de remarquer que nul indice n'apparaissait de l'âge d'or promis aux capacités digestives de ses contemporains ; et il s'enquit des paroles magiques grâce auxquelles s'accomplirait le bienheureux sortilège. On lui montra la devise : *liberté, égalité, fraternité*, peinte sur toutes les murailles. Il l'admira beaucoup mais, dans le même temps, il constata plusieurs choses, et entre autres celles-ci : qu'il y avait des gens coupables de ne point posséder de domicile et que, pour ce fait, on les fourrait en prison ; que si le bulletin de vote d'un savetier, à peine sûr de son alphabet, équivalait au suffrage d'un marchand d'escarpins en gros muni de diplômes, le premier se nourrissait de charcuterie arrosée d'absinthe, tandis que le second combinait sur ses menus ce que les règnes végétal et animal offrent de plus savoureux. Il objecta aussi qu'au collège, les plus forts rossaient les plus faibles, particulièrement les jours où ceux-ci avaient conquis les premières places par des dissertations où les immortels principes de 89 et l'adoucissement des mœurs étaient célébrés. Ensuite de quoi, il soupçonna que les mots fétiches : *liberté, égalité, fraternité* impliquaient, peut-être, des blagues.

Il soumit ce fruit de ses observations à son pédagogue qui se fâcha tout rouge, le traita de raisonneur et lui ordonna de copier vingt fois la liste des Droits de l'Homme.

Charles fut dérouté car, depuis son sevrage, on lui prescrivait, comme l'article capital des Droits de l'Enfant, l'exercice de sa raison.

Néanmoins, il rédigea le pensum, le remit à son Mentor, puis se risqua timidement à demander pourquoi l'état de guerre subsistait entre les peuples, étant donné que divers philanthropes leur conseillaient la paix avec une persévérance touchante. Il lui fut alors certifié que c'était là un vestige des époques barbares qui ne tarderait pas à disparaître sous l'influence de la télégraphie sans fil, des ballons dirigeables et des discours prononcés à La Haye par un certain Pot dit Latourelle des Brisants.

Quoique mal convaincu, il cessa d'interroger. En récompense, des Plutarques, spéciaux pour ce genre d'apologie, lui vantèrent les Phocions et les Aristide qui avaient fondé la République ou qui la maintenaient. On lui forma un Panthéon où l'affable Robespierre voisinait avec Marat, ce doux médecin, un peu trop enclin à la saignée, mais si brûlant des flammes généreuses du jacobinisme.

On lui dénombra les vertus des législateurs de 48 ; on lui signifia notamment d'avoir à vénérer l'illustre Glais-Bizoin. Vinrent ensuite les héros engendrés par Marianne troisième, surtout ces incomparables Sémites : Crémieux qui sauva la France en émancipant les Juifs d'Algérie et Gambetta, venu de Gênes tout exprès pour proférer le cri sublime : Le cléricalisme, voilà l'ennemi !

Enfin, pour couronner tant de beaux enseignements, pour bien lui prouver que la métaphysique allemande était la plus propre à former le cœur et l'intelligence d'un jeune Français, on alla jusqu'à Kœnisberg gratter la carcasse de Kant afin d'en extraire ce précepte : Charles devait toujours se conduire de façon à ce que ses actes pussent servir d'exemples et lui mériter l'approbation d'une divinité mystérieuse qui acceptait le sobriquet d'Impératif Catégorique. — Ayant rempli leur tâche, les pédagogues se retirèrent, comblés de certificats élogieux. Et Charles inaugura sa jeunesse par la publication, à ses frais, d'un dithyrambe — en vers libres comme il sied — où, paraphrasant des dires célèbres, il exalta la révolte de l'individu contre les lois oppressives et la proclama le plus saint des devoirs.

C'était, du reste, la première fois de sa vie qu'il employait le mot de *devoir*. Jusqu'alors on ne lui avait parlé que de droits. L'antithèse entre tous ces droits dont on l'avait imbu et ce devoir qu'il venait de se découvrir fut, pour lui, pleine de charmes.

Cette éducation, tout en formules pompeuses et délétères, lui faussa donc le jugement, sans encore lui endurcir le cœur. Car il souffrit d'un grand besoin d'affection qui, naturellement, ne trouva pas à se contenter dans sa famille.

Sa mère était trop absorbée par les compotes et les recettes d'entremets pour saisir la détresse aux yeux de son enfant. Elle ne sut que lui donner, du bout des lèvres, quelques froids baisers et lui proposer des friandises lorsqu'il venait à elle pour quémander un peu d'amour. De son père, il comprit vite qu'il ne fallait rien attendre : le gros homme était trop enfoncé dans les sapes et les intrigues. Pendant des semaines, il ne s'inquiétait de Charles non plus que s'il n'eut jamais existé ou bien, s'il s'apercevait de sa présence, il lui posait des questions saugrenues sur ses études, n'écoutait pas les réponses et s'éloignait après avoir recommandé au précepteur de l'armer contre « l'obscurantisme. »

Charles ne put davantage s'attacher au cuistre desséché qui le régentait. D'autre part, les mœurs de ses condisciples, bruyants et vulgaires, voués aux journaux sportifs et aux photographies d'actrices, lui inspiraient de la répugnance. Refoulé sur lui-même, il prit l'habitude de sceller au plus profond de son être ses rancœurs et ses rêves. Il afficha du calme et de la réserve alors qu'en son particulier, il brûlait d'épancher son âme ardente. Ce volcan sous cette glace le ravagea au point qu'il devint presque incapable de s'exprimer autrement que sous une forme ironique. Puis il y avait trop d'écart entre la vie telle qu'il l'avait espérée et le monde tel qu'il se révélait à lui.

Il ne tarda guère à s'apercevoir que sous ces déclamations à la gloire de la démocratie dont les échos retentissaient autour de lui, se dissimulaient de fort laides réalités. Observant les aigrefins jaboteurs qui écumaient, avec son père, les eaux sales de la politique et de la finance, leurs vilenies et leurs trahisons, il fut obligé de comparer la République à un vaisseau monté par des pirates en croisière devant toutes les embouchures d'où pouvaient sortir des galions.

Le plus âcre mépris à l'égard de ces flibustiers lui corroda le cœur. Puis il prit en haine cette société bourgeoise, saturée de matérialisme et qui tolérait, avec une complaisance plus ou moins avouée, leurs rapines.

Il conçut quelque espoir de reconquérir un idéal, le jour où les théories anarchistes l'attirèrent. Mais la déception ne tarda point. Il ne trouva, parmi ces soi-disant redresseurs de torts, que des sots chimériques ou d'adroits dupeurs de pauvres. Oui, ces Don Quichotte qui feignaient de partir en chevauchée pour la conquête de la justice, n'étaient que des Sancho dont le Barataria se symbolisait par des auges médiocrement pleines d'épluchures, des charabiaisants turgides comme Jules Greive, des casseurs de noix vides comme Jean Sucre, de fielleux débitants de vitriol révolutionnaire comme Jourry.

Cette désillusion nouvelle développa dans l'âme de Charles les instincts destructeurs éveillés en lui par le contraste entre les sophismes dont on avait nourri son enfance et les méfaits des politiciens pervers qui bestialisaient la France sous couleur de la plier aux vertus républicaines. Il lacéra sans merci les systèmes et les doctrines auxquels il avait cru quelques moments. Puis quand il les eut réduits en lambeaux, il éprouva une joie farouche à constater tant de ruines.

— Les hommes, se dit-il, sont des singes obscènes et gloutons mais moi, est-ce que je leur ressemble ?

C'est alors que l'esprit d'orgueil entra en lui et ne cessa de lui chuchoter de ténébreux conseils :

— Vois, insinuait-il, tu es enfermé dans une caverne sans issue et dont la voûte de granit s'abaisse, peu à peu, sur ta tête. A palper ceux qui grouillent à tes côtés, dans l'ombre, tu as vérifié que c'étaient des animaux difformes. Tu as compris l'incurable sottise de ce troupeau barbottant. Tu connais l'envers et l'endroit de ce qu'ils appellent le bien et le mal Tu n'es pas fait pour étouffer sous les détritus dont ils encombrent ton cachot. Eh bien, lance la foudre, prouve en frappant ces ébauches d'humanité que tu leur es supérieur car, sache-le, les hommes n'admirent que les Maîtres qui les fouaillent. — Ils inscriront ton nom dans leurs annales et tu seras semblable à un Dieu !...

Charles écoutait avidement la voix insidieuse. Des idées de meurtre se déversèrent en noires cataractes dans son âme. Il se complut à s'imaginer tel qu'un dispensateur de cataclysmes, qui, d'un geste de sa main vengeresse, épouvanterait les peuples.

— Ah ! s'écria-t-il, je voudrais allumer la cartouche de dynamite qui ferait éclater le globe et en projetterait les débris jusqu'aux étoiles !...

CHAPITRE VI

Dans l'appartement de la place Médicis, on avait garni un divan de couvertures et d'oreillers de façon que Chériat, arrivé au dernier degré de la phtisie, pût y rester étendu.

Charles trouva le réfractaire suffoquant ou ne reprenant un peu haleine que pour proférer, d'une voix enrouée, des malédictions contre le destin qui le clouait sur ce grabat. Faudrait-il donc mourir sans se venger de ce Paris où sa vigueur s'était perdue et où son orgueil avait été broyé sous l'étreinte d'une misère atroce ? En phrases hachées, il tâchait de crier sa rage impuissante ; mais le sang de ses poumons en loques lui montait aussitôt à la bouche et le forçait de s'interrompre. Il le crachait, puis redoublait d'invectives, écartant, d'une main fébrile, deux visiteurs qui s'efforçaient de le soulager. Dans son délire, il les accusait de dissimuler sous une feinte compassion la volupté perverse qu'ils éprouvaient à suivre les phases de son agonie.

C'étaient pourtant deux êtres fort inoffensifs. L'un, le chansonnier Paul Paulette, avait trop coutume de transmuer en idylles florianesques les rêveries anarchistes pour se réjouir des souffrances d'un camarade. L'autre, Louise Larbriselle, possédait un cœur vraiment magnanime : toute douleur la mettait en émoi, qu'il s'agît de la patte écrasée d'un chien ou des tourments d'une pauvresse qui n'arrive pas à nourrir sa progéniture.

Paul Paulette était un petit vieillard, glabre et bedonnant qui, pourvu d'un minime héritage, le dépensait à faire imprimer des plaquettes où l'âge d'or promis par les pontifes de la révolution sociale était évoqué en des couplets nuancés d'azur et de rose, douceâtres et poisseux comme de l'orgeat. Il fréquentait assidûment les réunions du parti ; entre deux diatribes où l'on avait préconisé l'équarrissage des bourgeois et le massacre des prêtres, il demandait quelques minutes pour roucouler ses romances lénifiantes. Il y était affirmé que le temps approchait où l'humanité, libérée de ses entraves, vivrait en liesse dans des palais de caramel et parmi des touffes de myosotis toujours refleuries. Longtemps Paulette s'était imbibé des prophéties redondantes de Victor Hugo. Les coups de grosse caisse et les fanfares de trombone dont le poète accompagne ses clameurs à la gloire du dieu Progrès l'avaient ravi. Surtout il admirait que Hugo eût résolu le problème du paupérisme en recommandant « d'éclairer la société par en dessous ». Mais son enthousiasme baissa quand il lut et prit au pied de la lettre le vers des *Châtiments* où il est déclaré que : « L'on ne peut pas vivre sans pain. » Cette assertion parut erronée à Paulette car, végétarien d'une variété particulière, il proscrivait les céréales au même titre que la viande. Il tenait l'un et l'autre aliment pour nuisibles à la genèse de l'homme futur tel qu'il l'imaginait. Bien qu'on le bafouât, il soutenait contre les

amateurs de biftecks et de miches croquantes
que les anarchistes arriveraient à une lucidité
supérieure s'ils se nourrissaient exclusivement,
comme lui, de soupes au potiron, d'aubergines
au beurre, de navets en ratatouille et de fruits
très mûrs. Serviable, du reste, il partageait ses
légumes avec maints faméliques. Tandis qu'à
ses côtés, des ratés vindicatifs hurlaient leurs
haines, il ténorisait joyeusement et faisait rimer
bonheur avec *chou-fleur*. On eût dit de lui un
bouvreuil qui sautillerait et pépierait dans
une jungle habitée par des chacals hargneux.

Louise Larbriselle ne vivait que pour autrui.
Elle était si maigre que ses clavicules faisaient
saillie sous le mantelet minable qui couvrait ses
épaules pointues. Ses minces yeux glauques se
bridaient, à la chinoise et son grand nez formait comme un aride promontoire entre ses
joues tannées. Coiffée d'une vague casquette où
tremblotaient des chrysanthèmes en percale,
tels que nulle flore n'en connut jamais, elle
allait par la ville, en quête d'éclopés à soulager et de miséreux à secourir. Elle leur dis-

tribuait ses quelques sous, gagnés à courir le cachet. Comme elle ne gardait rien pour elle, on se demandait par quel prodige elle arrivait à se sustenter et à renouveler le corsage et la jupe d'un noir roux qui l'habillaient. Le malheur des pauvres, l'égoïsme des riches l'avaient conduite à l'anarchie. Mais répugnant à toute violence, elle croyait que la doctrine triompherait lorsqu'une entière égalité règnerait entre les deux sexes ou même lorsque la femme serait reconnue plus apte que l'homme à régler les rapports sociaux. C'est pourquoi elle ne quittait les taudis des meurt-de-faim que pour prendre part aux conciliabules où de redoutables bavardes réclament le droit de déposer des bouts de papier dans la tirelire électorale. Pas de congrès féministe où l'on n'aperçut sa chétive silhouette.

Parmi les grosses dames qui encombraient l'estrade, elle semblait une asperge fluette que flanquaient des vol-au-vent monumentaux. Anarchiste, elle réprouvait l'action politique, se contentant d'affirmer que le sceptre de la science était appelé à remplacer dans les mains de la femme l'aiguille à ravauder et la cuiller à pot.

Malgré sa manie d'exiger le salut de l'humanité par les doctoresses et les avocates, elle était si foncièrement charitable, si prête à tous les dévouements que ceux même qui raillaient ses théories ne pouvaient s'empêcher de l'aimer.

Alors qu'il avait pris en aversion les exploiteurs du socialisme, Charles gardait du penchant pour Louise Larbriselle et pour Paul Paulette. Il souriait de leurs ridicules mais il les constatait si réellement bons, si capables d'attachement désintéressé que son âme, sevrée de tendresse se réchauffait à leur contact. Eux, du moins, ne se figeaient pas devant des simulacres d'idées généreuses, comme le font la plupart des révolutionnaires ; ils plaignaient sincèrement les pauvres et ils prouvaient leur compassion par des actes. Aussi les engageait-il à le venir voir le plus souvent possible. Quant à Chériat, le réfractaire lui inspirait des sentiments complexes. Ses déclamations rageuses l'agaçaient, tandis que l'état maladif de ce roi des malchanceux l'emplissait de pitié.

D'avoir recueilli Chériat, il se sentait le cœur moins desséché qu'il ne l'avait cru. La sombre misanthropie où il se murait, s'en éclairait d'un rayon de mansuétude. Et d'autre part, la simplesse de Paul et de Louise amollissait son orgueil. Auprès d'eux, il se retrouvait presque ingénu et il échappait, pour un temps, aux obsessions homicides qui lui ravageaient l'esprit...

Epuisé par la crise d'étouffement qu'il venait de subir, Chériat gisait, la tête renversée, sur les coussins qui l'étayaient. Blême, les yeux clos, il ne donnait signe d'existence que par les crispations de ses doigts égratignant la couverture et par le souffle anhélant qui faisait un bruit de chaîne rouillée dans sa poitrine douloureuse.

Charles dit tout bas à Louise :

— Y-a-t-il longtemps qu'il est ainsi? Lorsque je l'ai laissé, il paraissait plus calme.

Elle fit un geste de désolation :

— Quand nous sommes arrivés, nous l'avons

trouvé debout : il se traînait d'un meuble l'autre en râlant. Nous l'avons recouché et aussitôt il a eu un crachement de sang... Je le crois très mal et je voudrais rester près de lui. Mais il faut que j'aille donner une leçon parce que...

Elle s'interrompit. Charles devina que le prix de cette leçon lui était indispensable pour manger. Il n'osa lui offrir sa bourse car il savait, par expérience, que si elle acceptait son aide quand trop de misérables lui criaient au secours, elle mettait une ombrageuse fierté à ne rien recevoir pour elle-même.

Paul Paulette intervint :

— Moi je resterai tant qu'il vous plaira. Je n'ai rien à faire qu'une chanson que je dois chanter, après-demain, au groupe libertaire de Montrouge. Je puis très bien fabriquer mes couplets ici.

— C'est cela, reprit Louise, moi, je reviendrai vers neuf heures et si cela vous arrange, je passerai la nuit à veiller le pauvre Chériat.

Charles y consentit et les remercia l'un et

l'autre d'autant plus vivement qu'il redoutait le tête-à-tête avec le moribond.

Louise sortit sur la pointe des pieds, après avoir serré la main des deux hommes. Paulette s'installa dans un fauteuil et tirant de sa poche un calepin se mit à y crayonner des vers. Charles s'assit près de lui. Il avait pris un livre, mais il ne lisait pas. Une affreuse tristesse barrait toutes les avenues de son intelligence. Sorti de chez son père, le cerveau débordant de pensées haineuses, en route, il s'était promis de mettre à exécution le rêve meurtrier qui le hantait depuis tant de jours. A présent, dans cette chambre où rôdait la mort, il se sentait très faible entre ce vieil enfant qui jonglait avec des colifichets lyriques et ce malheureux dont la face terreuse semblait déjà se tourner vers les ténèbres irrémédiables.

L'après-midi de décembre, arrivée à sa fin, répandait cette mélancolie du crépuscule si lourde à porter pour les âmes en détresse. Charles se leva, alla vers la fenêtre et, appuyant son front à la vitre, contempla le Luxembourg dont les arbres effeuillés appliquaient leurs ramûres, en un noir filigrane, sur la nappe rouge laissée à l'occident par le soleil qui venait de se coucher. Des bruits confus montaient de la rue : rires de passants, cris des cameiots, vendeurs de journaux, appels nasillards de tramways — toutes les rumeurs, toute la morne agitation du monstrueux Paris.

Il se détourna, quêtant une diversion à l'angoisse imprécise qui l'étreignait de la sorte. Rien ne bougeait dans la chambre. Paul Paulette s'était assoupi ; il ronflotait, les bras pendants, le corps tassé au fond du fauteuil, tandis que les reflets du foyer jouaient bizarrement sur son crâne chauve et poli. Une poignante sensation de solitude prit Charles à la gorge. Il eût donné n'importe quoi pour rompre ce silence funèbre.

Alors, dans l'ombre peu à peu envahissante, la voix de Chériat s'éleva. Avec des intonations craintives, il balbutiait des lambeaux de phrases sans suite :

— Oh ! qu'il fait obscur.... Qu'il fait froid.... Je suis seul.... Tout le monde, tout le monde est tout seul... Qui aura pitié de nous ?....

La plainte réveilla Paulette

— Quoi donc, dit-il en se frottant les yeux, quoi donc, est-ce qu'il délire ?

Charles lui fit signe de se taire. Il frissonnait car ces paroles correspondaient si étrangement à son état d'esprit ! Il lui sembla qu'elles impliquaient un mystère dont il aurait voulu pénétrer le sens.

Chériat reprit comme s'il suppliait :

— *Te lucis ante terminum.... rerum Creator poscimus....*

Et Charles, se rappelant soudain que le malade avait reçu jadis une éducation catholique, conjectura qu'il essayait de prier. C'étaient, en effet, les deux premiers vers de l'hymne magnifique composé par saint Ambroise pour l'office de Complies : « Avant que la lumière ne s'en aille, Créateur de toutes choses, nous t'implorons. »

Mais pourquoi Chériat, qui avait toujours fait parade d'athéisme, qui s'était même rendu l'auteur d'une brochure intitulée: *Nions Dieu*, aurait-il eu recours à la prière ? En toute autre occasion, Charles eût considéré cette effusion comme l'indice d'un détraquement total. Ce soir, pourtant, il eut le pressentiment que ce n'étaient point des divagations et qu'il se passait quelque chose de décisif dans l'âme de Chériat.

— Mais qu'est-ce qu'il lui prend de baragouiner du latin? demanda Paulette.

— Tais-toi, dit Charles impérieusement, ce n'est pas le moment de plaisanter.... Ecoutons-le.

Chériat continua :

— N'y aura-t-il plus jamais de lumière?.... Resterons-nous de pauvres insensés tâtonnant dans cette sombre antichambre de l'enfer qu'on appelle la vie? Comment avons-nous pu tuer notre âme et en livrer le cadavre aux démons? Morts ambulants, nous n'osons plus demander à l'Esprit consolateur qu'il nous ressuscite.... Les brumes livides de la pourriture nous submergent, car voici venu le règne de la Bête.

Charles prêtait l'oreille en tremblant. Cette voix gémissante pénétrait, comme une lame affilée, jusqu'au plus intime de sa conscience et y suscitait des terreurs identiques à celles que Chériat semblait éprouver. Mais il était tellement ignorant des vérités éternelles que la signification profonde de ce désespoir lui échappait. Il sentait seulement, et cela, d'une façon très lointaine, qu'il y avait, autour d'eux, comme une *présence* invisible qui spiritualisait l'atmosphère de la chambre. Il demeurait immobile, ne sachant que dire ni que faire. Paulette, ébahi, ne remuait pas davantage.

Tout à coup, Chériat se souleva en se débattant :

— J'étouffe, j'étouffe, cria-t-il, est-ce que personne ne veut venir à mon aide ?....

Charles et Paulette s'empressèrent. Le chansonnier alluma une lampe pendant que le jeune homme débouchait un flacon d'éther et tentait d'en faire respirer le contenu au moribond. Celui-ci repoussa la fiole :

— Non, non, ce n'est pas cela... Et vous autres, avec vos faces toutes noires, vous m'obsédez. Il me faut quelqu'un.... quelqu'un qui ait un peu de lumière au front.

Ensuite, il éclata d'un rire aigu et montrant la bombe, dont l'enveloppe de bronze clair luisait vaguement sur la console, il hurla :

— Vas-tu la jeter, espèce de damné ?....

Puis, retombant sur les coussins en désordre, il ferma les paupières et ne parla plus. Paulette, en désarroi, se frottait machinalement les mains et roulait des yeux effarés. Charles ne pensait qu'à une chose : fuir cette chambre où régnait l'épouvante. Le souvenir lui vint d'un homme qui portait peut-être cette marque de clarté réclamée par Chériat et il résolut d'aller le chercher.

— Attends là, dit-il à Paulette, je reviens dans une heure.

— Mais ce n'est pas drôle de rester tout seul avec Chériat, objecta le chansonnier ; s'il empoigne une nouvelle crise qu'est-ce que je ferai ? Patiente au moins quelques minutes.

— Non, non, il faut que je sorte....

— Tu vas chercher un médecin ?

— Oui.... C'est-à-dire, je ne sais pas.... Laisse-moi sortir.

Charles était déjà sur le seuil de la porte.

Mais il rentra brusquement, comme frappé d'une idée soudaine. Il alla jusqu'à la console, prit la bombe et la mit dans la poche de son veston.

Dehors, il la retira pour l'examiner à la lueur d'un réverbère. Pleine d'une poudre verdâtre, elle n'était pas amorcée. Il la considéra quelques instants comme s'il hésitait sur ce qu'il devait en faire.

— Impossible qu'elle éclate, murmura-t-il. Alors, se penchant sur une bouche d'égout, qui s'ouvrait en contre-bas du trottoir, il y jeta l'engin et s'éloigna d'un pas rapide.

CHAPITRE VII

L'homme vers qui Charles se hâtait s'appelait Robert Abry. Du même âge tous deux, ils s'étaient connus au lycée et, depuis la fin de leurs études, ils avaient conservé des relations amicales quoique le second n'eût jamais subi l'aberration révolutionnaire où le premier s'égara.

En effet, Abry avait été élevé selon la foi par un père et une mère profondément catholiques. Il comptait à peine dix-sept ans lorsqu'il les perdit. Aucun parent ne lui restait et, comme il ne possédait nulle fortune, il aurait connu la misère si un bon prêtre, son confesseur, ne lui avait procuré un emploi de secrétaire d'un patronage fort peu rétribué mais dont, vu la modicité de ses besoins, il s'accommodait pour vivre. D'ailleurs même eût-il gagné des sommes notables qu'il les aurait destinées à secourir les pauvres, car il n'ignorait pas qu'un coffre-fort bien garni entrave fatalement l'âme dans son essor vers En-Haut.

Réduisant donc sa dépense au plus strict nécessaire, se privant à l'occasion, il goûtait une joie très pure à donner tout ce qu'il épargnait sur ses minces appointements. En dehors du temps que lui prenaient ses fonctions, il remplissait avec exactitude ses devoirs religieux, pratiquait l'oraison mentale à Saint-Sulpice et à Notre-Dame-des-Victoires, ou, s'il restait chez lui, se nourrissait l'esprit de livres super-substantiels, par exemple *l'Imitation* et les œuvres de Sainte-Thérèse. Ce mode d'existence lui était si naturel qu'on l'aurait beaucoup étonné en lui disant qu'il formait une exception dans un monde où les affriandés qui recueillent, d'une main dévotieuse, le crottin d'or semé par les attelages de la Finance, coudoient les insensés qui se figurent servir la cause de la civilisation en cultivant les mœurs porcines d'une société pour laquelle renifler l'odeur des plus gras détritus et réjouir ses instincts constitue le suprême idéal.

Abry était de ces simples dont il est dit, dans l'Evangile, que le Royaume des Cieux leur appartient. Mais sa candeur s'alliait au bon sens que développent, dans une âme droite, l'observation, sans forfanterie, des commandements de Dieu et de l'Eglise et l'habitude de la vie intérieure.

La prière et la contemplation des choses éternelles lui méritaient une limpidité de jugement qui se manifestait autant par l'exemple que par le conseil. C'est pourquoi même des orgueilleux, enclins à taxer d'enfantillage son catholicisme, aimaient à prendre ses avis.

Il en allait ainsi de Charles. A maintes reprises, il avait trouvé du réconfort auprès de ce méditatif dont le caractère différait tant du sien. Sans s'ouvrir tout à fait, il lui avait laissé entrevoir quelques-unes des plaies dont il souffrait. Mais il gardait le silence sur les idées meurtrières qui s'étaient installées au plus sombre de son orgueil. Néanmoins, si incomplètes qu'eussent été ses confidences, elles révélaient une âme tellement malheureuse, un cœur si solitaire qu'Abry en avait frémi de pitié. Il avait su trouver les paroles qu'il fallait pour consoler un peu Charles. Celui-ci se cabrait à la seule pensée de se tourner vers Dieu. Cependant Abry était parvenu à lui faire concevoir, à certains moments de détresse totale, que peut-être, par delà cet univers de ténèbres et de désespoir où il se débattait, régnaient les splendeurs d'une aurore de mansuétude et de pardon. — Par suite, il était assez logique que Charles, frappé de la coïncidence entre les propos mystérieux balbutiés par Chériat et ce qu'il savait des convictions de Robert, eût recours à ce dernier dans un cas où sa propre expérience ne lui fournissait qu'incertitudes et sourdes terreurs.

Mais il faut bien spécifier qu'en agissant de la sorte, il demeurait sur la défensive en ce qui concernait son désarroi personnel, étant trop endurci d'orgueil, trop imbu de son droit à détruire pour soupçonner l'horreur du crime où l'Esprit de malice le poussait...

La rue d'Ulm, où Robert Abry occupait deux chambres, n'est guère éloignée de la place Médicis. Tout en parcourant cette brève distance, Charles s'étonnait des mouvements contradictoires qui lui désordonnaient l'âme une fois de plus.

— C'est bizarre, se dit-il, quand je suis sorti de chez mon père, j'étais décidé à jeter la bombe car je ne puis plus tolérer mon inertie parmi les brigandages et les mensonges dont il s'est fait l'apologiste. Comment donc, M. Mandrillat ne croit pouvoir mieux compléter l'éducation républicaine de son fils qu'en lui proposant de moucharder au profit des radicaux... Après cet outrage, j'hésiterais à frapper?... Mais qui frapper?... Ah! je ne sais pas, mais c'eût été à coup sûr quelqu'un des maîtres de l'heure présente. Je voyais déjà la chose comme faite et je préparais les discours de mépris que je cracherais à la face des cabotins sinistres chargés par les gens du pouvoir de jouer cette comédie scélérate, qu'ils appellent — par dérision sans doute — la justice. Puis quand je fus auprès de ce malheureux Chériat, surtout lorsque je l'entendis proférer ses invocations superstitieuses, je me suis senti tout faible et tout hésitant — j'ai dû me débarrasser de la bombe. Pourquoi cette lâcheté ? Et pourquoi aussi vais-je chez ce brave Robert, comme s'il pouvait m'être auxiliateur dans la crise que je traverse ? Lui, un catholique voué aux chimères enfantines dont les prêtres lui gavent l'intelligence, il est absurde de supposer qu'il me comprendra. Et pourtant chaque fois que je cause avec lui, la flamme obscure qui me consume s'apaise, la haine de tout et de tous qui me ronge fait trêve. D'où lui vient cette influence ?... Ah ! je sais, c'est qu'il est bon. Et qui donc, sauf lui, me témoigna de la bonté ? D'un autre côté, je trouve humiliant de ne pas me suffire à moi-même, moi qui m'étais juré de tenir quiconque à l'écart du surhumain que j'envie de créer en moi. Ce n'était pas la peine de prendre pour règle de conduite le précepte d'Ibsen : « L'homme le plus libre est celui qui est le plus seul. » Allons, je ne suis pas près de réaliser ce héros...

Ce monologue fiévreux le mena jusqu'à la

porte d'Abry. Comme il sonnait, il se demanda encore :

— Lui parlerai-je de la bombe? Oh! non, car j'en fabriquerai peut-être une autre et je veux garder secret le coin de mon âme où germe la plus équitable des vengeances. Je lui demanderai seulement de venir voir Chériat.

Robert vint ouvrir. Il n'eut besoin que d'un coup d'œil pour remarquer l'agitation de Charles. Aussitôt il s'empressa, devinant, à démêler l'angoisse qui lui contractait le visage, que des peines insolites bourrelaient le jeune homme.

— Que t'arrive-t-il donc, s'écria-t-il, jamais je ne t'ai vu pareillement bouleversé ! Dis-moi vite si je puis faire quelque chose pour toi.

Charles se taisait, promenant ses regards autour de lui. La chambre était humble et paisible : quelques meubles de sapin vernis ; sur une planche, des livres de piété. Au mur, un Crucifix ouvrait ses bras miséricordieux. Il s'en détourna aussitôt, s'assit sur une chaise comme écrasé par une fatigue immense et demeura, quelque temps, la tête basse. On eût dit qu'il avait oublié le motif de sa visite.

Abry se garda de multiplier les interrogations.

Il avait l'expérience de ce caractère aussi passionné qu'ombrageux de qui les élans alternaient avec de brusques reprises de mélancolie taciturne. Il fallait attendre que Charles s'expliquât, car trop d'empressement l'aurait offusqué.

Enfin le jeune homme se décida :

— Voici pourquoi je suis venu, dit-il. Tu connais Chériat ; tu sais qu'il se meurt de la poitrine et que, bientôt, tout sera fini pour lui...

— Non, *pas tout*, interrompit Robert à mi-voix.

— C'est ton opinion, je n'ai pas à la discuter et, au contraire, je crois qu'en ce moment, tu pourrais lui rendre service.

— Je ne demande pas mieux, répondit Robert que cette requête étonnait, mais je ne saisis pas de quelle façon.

En effet, il se souvenait que, parmi les ennemis de l'Eglise, le poitrinaire s'était montré l'un des plus violents et que quand tous deux s'étaient rencontrés, il avait mis une insistance fielleuse à bafouer le catholicisme.

Charles exposa brièvement qu'il avait recueilli Chériat, que celui-ci, presque à l'agonie, avait prononcé quelques mots qui permettaient de supposer une préoccupation religieuse. Il cita même les vers de saint Ambroise balbutiés par le moribond. Puis comme s'il avait honte de s'en être ému, il prit soin de spécifier que s'il s'était résolu à consulter Abry, c'était par un sentiment analogue à celui qui l'aurait conduit dans une pharmacie pour y solliciter une potion calmante.

— Naturellement, ajouta-t-il, j'ai eu beau réfléchir, je n'ai découvert que toi qui puisses lui procurer l'illusion dogmatique dont il semble éprouver le besoin.

En prononçant cette dernière phrase, il n'avait pas l'intention de froisser son ami : il obéissait, en toute franchise, aux préjugés dont on l'avait imbu.

Si Robert avait été un polémiste, il aurait relevé cette bizarre lacune qui faisait que les doctrines vantées par les révolutionnaires comme pourvoyant à toutes les nécessités de la vie intellectuelle et morale, pèchent en un point essentiel, puisque l'un d'eux se trouvant à l'article de la mort, en était obligé de requérir un catholique qui l'assistât contre la grande épouvante. Mais d'âme trop chrétienne pour pratiquer l'ironie, il ne songeait qu'à remercier mentalement la Providence qui envoyait un rayon de sa lumière dans les ténèbres où gisait le malade et qui le désignait peut-être lui-même pour contribuer à son salut éternel.

Ses yeux bleus, qu'illuminait la paix de la conscience, se fixèrent sur le Christ en croix et, spontanément, il murmura : *Domine, non sum dignus, sed tantum dic verbo et sanabitur anima sua.*

Mi-touché, mi-remué d'un étrange malaise, Charles l'observait avec curiosité. Rien qu'au contact de ce croyant, il s'était senti moins triste et moins torturé. Et cependant, dès qu'il entendit les paroles latines, il eut un sursaut d'irritation. Des serpents s'agitèrent en lui, tandis qu'un sombre éclat de rire retentissait au fond de son cœur.

Il se leva et demanda d'un ton sec :

— Eh bien, viendras-tu ?

— Certes ; si tu veux je t'accompagnerai tout de suite.

— Non, attends à demain. Chériat changera peut-être d'idée... Je ne voudrais pas avoir l'air de l'influencer.

— Mais s'il persiste, dit Robert en lui posant la main sur le bras et en le regardant bien en face, me laisseras-tu lui amener un prêtre ?

— Un prêtre !...

Charles hésita : son horreur de la soutane le portait à refuser. Mais il réfléchit qu'une concession prouverait de la tolérance. Il haussa les épaules comme pour affirmer que ce détail lui importait peu et déclara :

— Si Chériat le désire, flanque-toi d'un prêtre. Seulement, tu me préviendras. Je ne tiens pas à être témoin de......

Il allait dire : de ces simagrées mais il se reprit :

— De l'entrevue...Ainsi, à demain, dès que tu seras libre, et au revoir.

Il avait hâte de s'esquiver, se courrouçant à

la pensée que, mû par un désir d'effusion, qu'il taxait maintenant de lâcheté, il avait failli révéler son tourment à ce Robert, adepte de ce qu'il considérait comme une basse superstition.

Abry n'essaya point de le retenir. ce n'était pas la première fois que Charles lui donnait le spectacle de ses revirements. Mais il eut l'intuition que leur colloque n'en resterait pas là.

En effet, Charles avait déjà franchi le seuil, lorsque, se retournant, il surprit tant de sollicitude apitoyée dans le regard de son ami que sa superbe dut fléchir. Cédant à une de ces détentes d'âme, qui lui étaient coutumières auprès d'Abry, il revint sur ses pas et s'écria :

— Je suis affreusement malheureux !

— Oh ! mon pauvre, dit l'autre en lui pressant les mains et en le faisant rasseoir, crois-tu donc que je ne m'en suis pas aperçu ?... Que je voudrais, Dieu aidant, te consoler un peu. Je ne suis pas bon à grand'chose mais enfin je t'aime et je ne demande qu'à t'être utile

— Je le sais, répondit Charles qui s'attendrissait, mais si je te confie mes peines, je crains que tu ne te mettes à me réciter ton catéchisme ou ton Evangile ou tout autre de tes bouquins ascétiques... Or, j'ai besoin, comprends-tu, de paroles vivantes et non de textes arides.

— Ah ! très cher, tu ignores — et ce n'est pas de ta faute — que les plus vivantes des paroles sont contenues dans cet Evangile que tu redoutes... Mais, poursuivit Robert avec un rire amical, rassure-toi, je ne t'allèguerai aucun de mes bouquins, comme tu dis. Nous c... erons de cœur à cœur et puissè-je panser tes blessures.

Charles ne savait de quelle façon commencer. Une impulsion irrésistible venait de lui faire crier sa souffrance. Pourtant, quoiqu'il il y eut là une affection toute fervente qui ne demandait qu'à se manifester, il hésitait de nouveau. Ses incertitudes recommençaient à le lanciner. Il voulait étaler sa détresse. Et d'autre part, son orgueil lui insinuait qu'il était plus viril de celer en lui, comme un cercueil sous la pierre d'une tombe, les songeries funèbres où il s'était perdu. Puis il redoutait d'aller trop loin dans ses confidences et, à aucun prix, il n'entendait révéler à Robert le dénouement lugubre qu'il méditait de donner à la tragédie dont il était le théâtre.

Le biais qu'il prit pour solliciter un conseil, sans s'ouvrir tout à fait, fut le suivant.

— Pourquoi donc, demanda-t-il, es-tu si calme et sembles-tu si heureux ? Tu es pauvre, seul dans l'existence et tu n'as jamais connu ces joies sensuelles qui procurent, à ce que certains prétendent, l'oubli de ce monde stupide où, sous le nom d'hommes, se démènent tant de bêtes cauteleuses ou féroces. Faut-il t'envier ou te plaindre ?

Es-tu un privilégié dont l'intelligence plane tellement au-dessus des cloaques où barbotent nos contemporains que leurs cris de rage et leurs grognements de volupté n'arrivent pas jusqu'à lui ? Es-tu un incomplet de qui la foi émoussa définitivement les sensations ?

Robert fut d'abord un peu dérouté par ces questions. Mais il comprit vite que si Charles les lui posait, c'était parce qu'il ne pouvait concevoir la sérénité d'un chrétien, et surtout parce que, sans qu'il se l'avouât, son âme fiévreuse cherchait un refuge où déposer ses inquiétudes.

La réponse était aisée à faire.

— Comme toi, comme tous, dit le catholique, je suis fils de la chute et je porte le fardeau du péché originel. Comme toi, comme tous, je suis tenté constamment et je céderais à mes passions si je n'avais appris à me vaincre.

— Mais, reprit âprement Charles, ce que tu nommes tes passions, ce sont tes penchants les plus irrésistibles. Tu les dois à la nature : en les combattant, c'est elle que, par une aberration puérile, tu tentes d'abolir.

— Je n'essaie pas d'abolir la nature. Dieu nous voulut tels que nous sommes. Mais il a voulu aussi que nous soyons libres de nous racheter par la foi dans une destinée supérieure à celle que semble nous désigner la nature telle que, laissée à elle-même, elle agit sur la terre. Vois-le ce Dieu, là, sur cette croix. Il nous ouvre ses bras tout grands et il nous demande de nous hausser jusqu'à la plaie adorable de son cœur... Si c'est un privilège, tout homme de bon vouloir peut l'acquérir.

Une conviction ardente rayonnait de ces paroles qui furent d'ailleurs prononcées très simplement ; Charles en fut presque sur le point de reconnaître que les sophismes de la raison humaine étaient fort peu de chose en regard des certitudes formulées par la foi. Mais son amour-propre n'admettait pas une défaite aussi rapide. Se raidissant pour dissimuler le défaut de sa cuirasse, il demanda :

— Qu'est-ce qu'un homme de bon vouloir ?

— Celui qui dompte l'orgueil, principe de tous les péchés.

— Et comment le dompter ?

— Par la prière.

— Et qu'est-ce que la prière ?

— C'est à la fois un acte d'humilité, l'aveu que nous ne pouvons réduire la nature sans le secours d'En-Haut et un appel à ce secours.

— Encore, pour prier, repartit Charles, faut-il croire au surnaturel. Je n'y crois pas.

Robert soupira :

— Tu n'y crois pas et c'est, hélas, ton malheur. Pourtant il nous enveloppe de toutes parts. Qui l'écarte comme divin tombe cependant sous son joug; mais alors c'est qu'il est diabolique. L'orgueil s'empare de l'incroyant; il s'imagine qu'il se suffit à lui-même; il s'estime supérieur au commun des hommes; il se targue de sa fière solitude pour les mépriser et bientôt les haïr. Il pèche contre le précepte de Notre-Seigneur : Tu aimeras ton prochain comme toi-même.

— Ainsi, dit Charles avec amertume, il faudrait s'humilier, aux pieds d'une Divinité incompréhensible ; il faudrait ensuite aimer tous ces gredins et tous ces imbéciles qui peuplent l'univers pour vivre heureux ? Jamais je n'admettrai cela. Je veux les frapper...

Il s'interrompit et se prit à rêver. Maintenant il s'étonnait d'avoir supposé qu'une intelligence asservie à la religion comme celle de Robert pourrait lui donner un conseil efficace. C'est un bon garçon, pensa-t-il, mais les prêtres l'ont chaponné. J'étais par trop naïf, espérant de lui autre chose que des maximes de lâcheté. Mais je ne retomberai plus dans mon erreur. Ni Robert ni personne ne connaîtra mon secret...

L'homme le plus libre est celui qui est le plus seul : Ibsen a raison.

Il se redressa. Un orgueil sauvage lui durcissait la face. Il se revit jetant la bombe et criant sa joie de faire souffrir l'humanité. La révolte se peignit, si formidable, dans ses yeux et dans toute son attitude que Robert épouvanté recula.

— Nul autel, s'écria-t-il ne me verra m'agenouiller.

J'ai pris conscience de ma force dans cet orgueil que tu réprouves. Ton Dieu et ton diable je les laisse aux âmes d'esclaves que leurs instincts effraient. Les hommes m'ont meurtri ; je leur rendrai au décuple le mal qu'ils me firent. Oui, puisque la nature a voulu que le règne de l'humanité ce soit le règne de la bête, je serai une bête farouche et splendide et malheur à qui se mettra en travers de mon chemin. En avant !...

Il dit et s'élança dehors sans regarder son ami.

Seigneur, Seigneur, murmura Robert en écoutant le bruit de ses pas décroître dans l'escalier, venez à son aide. N'induisez pas en tentation cette pauvre âme si malade. Ayez pitié de lui !

Il se prosterna devant le Crucifix et se mit en prière.

Dans la rue, Charles allait d'une marche inégale. Tantôt il courait presque, tantôt il ralentissait pour considérer le ciel où des nuées fuligineuses, que chassait le vent d'hiver, galopaient, semblables aux songes d'un fiévreux. Quelques étoiles, qui scintillaient faiblement çà et là, lui parurent les rires ironiques de l'infini nocturne. Il les détesta puis ramenant ses regards sur les affairés qui encombraient les trottoirs, sur les tramways bondés qui suivaient la chaussée, il se dit :

— Un geste, un geste de ma main et tous ces misérables hurleront de douleur...

Il repartit au hasard, enfilant des ruelles, arpentant des avenues, franchissant des ponts, traversant des esplanades désertes, coudoyant la foule, sur des boulevards pleins de rumeurs et de lumières. A un moment il pensa qu'il avait bien fait de jeter à l'égout le projectile à système d'amorce et il résolut de fabriquer une bombe à renversement. Puis toute formule précise s'effaça de son cerveau. Il lui parut que son âme se résolvait en une brume rougeâtre où brillait. seule, comme un phare aux mornes clartés, l'idée fixe du meurtre.

Il allait, il allait parmi les ombres et les prestiges de la ville. Ainsi dut errer Caïn la nuit qui précéda le fratricide...

CHAPITRE VIII

Les puissances mauvaises ne laissent guère de répit aux malheureux êtres dont elles font leurs victimes. Charles l'éprouva qui, ayant refusé la main secourable tendue par Abry, ne pouvait que hâter son destin sous l'aiguillon de la colère et de l'orgueil.

Quelques semaines avaient passé depuis sa rencontre avec le catholique. Et ce fut à fabriquer une nouvelle bombe qu'il les employa. Il avait consigné sa porte aux Greive, aux Sucre aux Jourry car les vaticinations burlesques de ces camelots de la foire au bonheur lui étaient par trop insupportables. Outrés de son dédain, les sectaires répandirent le bruit qu'il désertait la cause. Jourry saisit, avec empressement, ce prétexte de le dénoncer comme un traître qu'il fallait flétrir. Une réunion fut organisée dans ce but et on le somma de s'y rendre. Il n'en eut cure. Alors on lui signifia, par lettre recommandée, son exclusion du parti. Il jeta au feu le papier déclamatoire en haussant les épaules.

Que lui importaient les soupçons et les injures. Mieux que tous les discours, la bombe n'allait-elle pas démontrer ce que vaut le vouloir d'un solitaire résolu à l'action ?

Chez lui, il tolérait encore les visites de Paul Paulette et de Louise afin qu'ils donnassent des soins à Chériat. Toutefois, il évitait de leur parler ; et lorsqu'il devenait absolument nécessaire qu'il le fît, c'était sur un ton si bref, en leur opposant un visage si fermé que tous deux n'osaient le presser. L'atmosphère tragique, qui régnait autour de lui, les mettait mal à l'aise ; ils vivaient dans l'attente de quelque catastrophe.

Il avait aussi tenu l'engagement pris de permettre que Robert assistât le moribond. Mais, craignant la clairvoyance de cet esprit dont la mansuétude perspicace l'irritait, il esquiva toute conversation, ou bien il s'absentait aux heures où il sut que Robert devait venir.

Du reste, une fois l'engin terminé, prêt à éclater, il ne demeura presque plus au logis. Une inquiétude fébrile le chassa par les rues. De l'aube au soir, du soir à l'aube, il battait la ville, tournant et retournant cette pensée unique :

— Maintenant, où vais-je jeter la bombe ?

Ce qu'il voulait, c'était que son crime eût une signification symbolique, qu'il s'imposât comme un châtiment infligé aux soutiens d'un état social où — d'après le sophisme qui lui déformait l'âme — quelques maîtres, usant de ruses médiocres, exploitaient un troupeau d'esclaves abêtis par une longue hérédité d'obéissance à la coutume et à la loi.

— Quel que soit le parti que je prendrai, se disait-il, que je punisse ceux qui commandent ou ceux qui se soumettent, l'acte sera efficace car les uns et les autres ont besoin d'apprendre, à leurs dépens, qu'il existe des mâles capables de se hausser hors du marécage où ils barbotent.

S'exaltant de la sorte, il ne concevait ni l'horreur du sang versé, ni les palpitations des membres mis en lambeaux par les éclats de sa bombe, ni les plaintes des mutilés, ni l'épouvante et le reproche dans les yeux, écarquillés par l'effroi, des morts. L'éducation, tout abstraite, toute conforme aux principes de la Révolution, qu'il avait reçue, l'avait habitué à se représenter l'humanité comme une série de chiffres qui, additionnés, multipliés ou divisés donnent un total, un produit ou un quotient plus ou moins conformes à ce *credo* de la démocratie : les droits de l'homme et du citoyen.

La seule différence qui se marquât entre son aberration et celle des apôtres de la folie individualiste c'est que ceux-ci se félicitaient des résultats obtenus par l'application à la France de leur algèbre anti-sociale tandis que Charles, leur élève, tenait l'équation pour mal posée et s'apprêtait à en modifier brutalement les termes.

Et pourquoi aurait-il hésité ? Ne lui avait-on

pas appris à écouter uniquement sa raison ? Or, de par cette raison prépotente, il estimait qu'il y avait lieu de rétablir le problème sur d'autres bases. Qui pouvait trouver étrange que pour y arriver, il effaçât un ou plusieurs chiffres ?

Cette horrible chimère lui était devenue si habituelle que quand il imaginait les incidents qui suivraient l'explosion de la bombe, c'était pour se voir en train d'expliquer la beauté de son geste devant un tribunal vaguement admiratif ou pour composer l'attitude qu'il prendrait au pied de l'échafaud lorsqu'il lancerait à la foule des paroles historiques, autres bombes qui ne manqueraient pas de faire merveille.

Pauvre cœur en proie au démon d'orgueil !

— Et pourtant, il y avait des minutes où il entendait s'élever, en lui, une voix suppliante qui réclamait pour ses semblables. Mais il se blâmait vite de cette faiblesse et il se posait de nouveau la question sinistre :

— Qui frapperai-je ?...

Une après-midi de janvier, Charles suivait

les quais qui bordent la rive droite de la Seine. C'était par un de ces jours de ciel bleu-pâle, de soleil aux rayons doucement argentés, de givre scintillant et d'air vif qui font une éclaircie dans les brouillards visqueux où s'emmitoufle trop souvent l'hiver parisien. Il avait dépassé l'Hôtel-de-Ville et remontait le cours du fleuve vers l'Estacade. Un peu las, il s'arrêta en face de l'île Saint-Louis et s'accouda au parapet.

L'eau ondulait, verdâtre et trouble et s'engouffrait, parmi des remous écumeux, sous les arches des ponts. Dans les alvéoles des bateaux-lavoirs amarrés à l'autre rive, des blanchisseuses riaient et jacassaient en frappant leur linge à grand bruit. Sur le bas-port, que dominait le jeune homme, on travaillait également. Des rouliers menaient de lourds attelages ou déchargeaient des tombereaux de gravats. Des mariniers goudronnaient la carène de chalands rangés les uns contre les autres. Sur le tillac, des femmes cuisinaient ou raccommodaient des prélarts. Un peu plus loin, une grue à vapeur, allongeant en oblique son col mince, pivotait

sur sa plate-forme, sifflait, soufflait, vidait maintes bennes de sable dans une cale béante.
— Tous, mariniers, charretiers, débardeurs, mécaniciens de la grue, ménagères et lavandières vaquaient gaîment à leur besogne, en échangeant des propos goguenards.

Charles ne put s'empêcher d'opposer cet insouci laborieux à sa morose oisiveté. Le souvenir lui vint d'un vieille estampe reproduite par un périodique qu'il avait feuilleté naguère. Elle représentait un homme, en costume espagnol du xvie siècle, et de qui la figure exprimait l'ennui et le chagrin. Assis sur une sorte de pouf à franges, il élevait ses bras au-dessus de sa tête comme pour s'étirer. Mais, au lieu de mains, deux becs aigus sortaient de ses manchettes brodées, s'enfonçaient dans sa chevelure et lui fouillaient le crâne.

Charles se murmura la légende inscrite au bas de cette gravure : « Je ne fais rien et je me ronge la cervelle. »

— C'est bien cela, pensa-t-il avec dépit, ce peuple goûte la joie d'un travail utile. Nul de ces manœuvres ne se rend compte qu'il est une dupe et un exploité. Ils accomplissent leur tâche quotidienne, plaisantent, mangent, boivent, dorment et recommencent le lendemain sans se demander si la société est bien ou mal faite et s'ils ne pourraient pas améliorer leur sort... Sont-elles enviables, ces brutes dont nul songe de révolte ne troubla jamais l'intelligence rudimentaire ?...

Aussitôt l'esprit d'orgueil lui chuchota :

— C'est toi qui es enviable, vivant dans un monde d'idées fières dont l'accès reste interdit à ces maupiteux.

Il acquiesça. Cependant cette arrogante vantardise ne réussit pas à le rasséréner. Au surplus, comme les neuf-dixièmes des socialistes de parlotes, il ignorait et méprisait le vrai peuple. Pour les entrepreneurs de félicité publique, le prolétariat se constitue, en effet, d'imbéciles nuageux et de braillards altérés à qui l'on verse, chez les mastroquets électoraux, des boissons violentes et des diatribes égalitaires et qu'on tient adroitement à l'écart dès qu'ils ont servi l'ambition de leurs meneurs.

Charles n'en était pas tout à fait là puisqu'il

n'avait jamais désiré le moindre mandat politique. Néanmoins, en sa qualité « d'intellectuel » il méconnaissait la grandeur — superbe d'être inconsciente — de ces humbles, dont les mains rugueuses ébauchent, dont les épaules massives supportent des civilisations. Il ne voyait pas luire le foyer d'amour au cœur du peuple. La résignation des pauvres, la solidarité admirable qui les unit aux jours d'épidémie et de famine, leur idéalisme touchant qui, même détourné des voies divines par d'odieux banquistes, ne cesse d'aspirer à un Eden où il n'y aurait pas de malheureux et où régnerait la Justice, tout de leurs vertus lui échappait. Il les assimilait à cette bourgeoisie aussi égoïste qu'obtuse, qui soit qu'elle feigne la foi, soit qu'elle propage l'incrédulité, fomente, depuis cent ans et davantage, cet abaissement des caractères, ce matérialisme bestial par où notre époque mérite la définition qu'en donna un humoriste : l'Age du Mufle.

Il ne percevait pas non plus le contraste entre ce peuple, demeuré presque sain malgré l'alcool, le socialisme et le café-concert, et cette soi-disant aristocratie qui ne se plaît qu'aux rigaudons et aux fanfreluches, qui révère tout banquiste habile dans l'art de la réclame, qui s'accouple aux Juifs, qui, parmi ses gambades, inflige à Notre-Seigneur, l'outrage de prières superstitieuses, sans humilité ni repentir sincère.

Bien plus, le fiévreux rêveur avait considéré, au cours de récentes explorations à travers le faubourg Saint-Antoine, les taudis ignobles où la Ville-Lumière entasse ses pauvres. Les tristes femmes d'ouvriers traînant leurs guenilles devant des étalages de nourritures nauséabondes, les enfants anémiques et livides qui encombraient les trottoirs l'avaient fait frissonner. Mais se reprochant ce mouvement de pitié tout instinctif, il tira du navrant spectacle la conclusion que leur docilité cause leurs maux. Il conçut, un moment, l'idée atroce de jeter la bombe sur ces infortunés pour les punir de ce qu'il appelait leur obéissance servile aux préjugés que la bourgeoisie leur inculquait, sous couleur d'ordre social.

Cette velléité démoniaque n'eut que la durée

d'un éclair. Mais le seul fait qu'il l'ait subie prouve à quel point ce déplorable produit des hautes études républicaines avait perdu le sens même de l'humanité.

Maintenant, redressé contre le parapet, il promenait autour de lui des regards vides. Il ne voyait pas le fleuve roulant ses eaux, d'un cours majestueux. C'est en vain que Paris se faisait, par hasard, souriant. C'est en vain que le soleil se jouait, en reflets chatoyants sur la façade enfumée des maisons. C'est en vain qu'une fine brume mauve noyait les lointains et flottait, comme un rêve, autour de la flèche de Notre-Dame aperçue par-delà les toits de l'île Saint-Louis. Il n'appréciait pas le charme de ce paysage urbain. A force de vivre muré en lui-même, ses sens s'étaient, pour ainsi dire, oblitérés. Rien ne l'émouvait plus de la vie ambiante que les sensations susceptibles d'accroître sa rancœur. Lorsque, d'aventure, l'idée fixe du meurtre faisait relâche dans son cerveau gorgé d'images funèbres, il pliait sous une mélancolie telle que l'on peut la comparer à ces chapes de plomb qui accablent certains damnés dans un des cercles de l'Enfer vu par Dante.

Ce jour-là, il se débattait contre une sourde envie d'éclater en sanglots, qui lui labourait le cœur, tant sa tristesse devenait intolérable. Puis le lugubre refrain reprenait, comme un glas d'épouvante et de damnation :

— Qui frapperai-je ?..

Comme il se posait, pour la centième fois, la question, deux ouvriers le bousculèrent qui discutaient si chaudement qu'ils négligèrent de s'excuser. L'un, — c'était un menuisier barbu, habillé de velours à côtes, — querellait l'autre, un plombier, vêtu de toile bleue et qui portait en bandoulière une trousse pleine d'outils.

Le menuisier disait en brandissant sa varlope :

— Bougre d'empaillé, tu en es encore à croire que Legranpan aime le peuple ! J't'écoute qu'il l'aime... A peu près comme le gargotier aime les poules dont il coupe le sifflet dans sa basse-cour. Je te dis : Legranpan, c'est un bourgeois... pareil à tous les bourgeois... Faudrait le descendre.

Au nom de Legranpan, Charles tressaillit comme si c'était là le mot qu'il fallait pour fixer ses incertitudes. Machinalement, il se mit à suivre les deux ouvriers et à prêter l'oreille aux propos qu'ils échangeaient à tue-tête.

Le plombier répondit : — Comment ça, le descendre ? C'est-il que tu voudrais qu'on l'estourbisse ?.... J'en suis pas.

Et le menuisier : — Mais non, espèce de gourde, le descendre du pouvoir. C'est ça que je veux t'introduire. Il y a assez longtemps qu'il fait son beurre avec sa clique. Dans le temps, quand il écrivait ses articles, il nous promettait la justice et des tas de profits pour le cas où les radicaux décrocheraient la timbale du gouvernement. Ben, v'là deux ans qu'ils la tiennent la timbale aux pots-de-vins et qu'est-ce que nous y avons gagné, nous autres ? La peau ! Tâte mes poches : les toiles se touchent. C'est-il pas vrai que les salaires diminuent et que le tarif des vivres augmente ? Ma femme, elle dit qu'il n'y a plus moyen d'approcher de la bidoche. Et tout le reste, c'est comme ça....

— Tout de même, reprit le plombier, peut-être bien que Legranpan fera voter les retraites ouvrières. Il l'a promis...

— Il l'a promis ! C'te bonne blague : bien sûr qu'il l'a promis. Les bourgeois, c'est leur truc de promettre tout ce qu'on veut ! Demande-leur la lune, ils te répondront : « Mon ami, on s'occupe de la coloniser à votre bénéfice. » Pour tenir, ça fait deux... Mais rappelle-toi donc : ces fameuses retraites ouvrières, c'était avec la galette ratiboisée aux congrégations qu'on devait remplir la caisse pour les faire fonctionner. Ben, où qu'il est le milliard des congrégations ? Ne manque pas de poches où il s'a englouti, mais c'est pas les nôtres.

Plus d'un pourrait dire où qu'il a passé. Colle-toi ça dans le ciboulot, c'est que les gas chargés de rafler les picaillons des moines et des bonnes sœurs, ils se sont dit : « Ça c'est de l'argent liquide, et puisque c'est nous les liquidateurs, nous nous l'appliquons. » Pour l'ouvrier, il se tape — comme toujours.

— C'est tout de même vrai, grogna le plombier, fallait ouvrir l'œil à la manigance, on était averti. Je me rappelle que j'ai lu, dans le temps, un article de la *Libre Parole* où Drumont prévenait les ouvriers qu'ils seraient roulés par les radicaux à propos de cette affaire du milliard. Drumont, c'est un sale calotin, tant que tu voudras, mais, tout de même, il avait raison.

— Sans doute, mais ça se ramène à ce que je te disais tout à l'heure. Puisque les radicaux se sont offert notre bobine et que c'est Legranpan qui est leur grand moutardier, faut le supprimer. Trop connu Legranpan, qu'on le fiche au rancart et passons à d'autres.

— Et qui ça ?

— Pardié, un ministère rien que de socialistes, qu'on voie un peu ce qu'ils ont dans le ventre, ceux-là, depuis des années que nous leur faisons la courte-échelle...

Charles n'en écouta pas plus long.

Laissant ces pauvres diables s'illusionner, une fois de plus, sur les bienfaits qu'ils se promettaient de la mascarade socialiste, il ralentit le pas, se disant :

— Ils voient juste ces simples. Supprimer Legranpan... ce serait un acte d'une portée admirable. Oui, le supprimer, non pas le « renvoyer à ses chères études » comme l'entend la niaiserie plébéienne. Mais l'abolir d'une façon — *effective* !

Il fit de la main un geste coupant comme pour raser un obstacle, tandis qu'un feu sombre s'allumait dans ses prunelles.

Il était arrivé sur la place de la Bastille.

La foule grouillait autour de lui ; les tramways et les omnibus menaient tapage. Au sommet de cette colonne qui témoigne d'une des plus remarquables duperies dont le peuple ait été la victime, le Génie de la Liberté enlevait dans un rayon de soleil, sa silhouette d'équilibriste romantique.

Charles ne voyait rien que son idée :

— Supprimer Legranpan, répéta-t-il en un ricanement farouche, pulvériser ce scélérat, ses mensonges et ce qui lui reste d'intelligence, projet grandiose !...... Or donc, à toi la bombe, César de la radicaille ! Toi qui te vantes de mener tes séides à la baguette, je vais t'apprendre ce que c'est qu'un homme libre.

Il fit volte-face et, piquant droit sur son domicile, se mit à courir le long du boulevard Henri IV.

Son parti était pris.

CHAPITRE IX

Jamais le penchant que la démocratie éprouve pour les médiocres n'a trouvé à se satisfaire aussi complètement qu'en faveur de M. Félix Saurien, député de Loire-et-Garonne. Non seulement cet homme d'Etat se montre incapable d'associer deux idées touchant la cuisine intérieure ou la politique étrangère du régime, mais il ne possède même pas ce bagout grâce auquel divers favoris du corps électoral réussissent à dissimuler, sous un flot de paroles redondantes, la misère de leur intelligence.

Soit que Saurien ait à couronner un bœuf dans quelque comice agricole, soit qu'il lui faille soutenir un projet de loi sur une ligne d'intérêt local, à la tribune, son manque d'éloquence se manifeste par un bafouillage qui met à la torture les sténographes les plus entraînés

Renonçant donc aux longues palabres, il s'est composé une attitude de penseur taciturne, ne lâche plus, en séance, dans les couloirs ou dans les bureaux, que de creuses maximes empruntées aux articles de fond des feuilles radicales et a fini par donner à la plupart de ses collègues, aussi nuls que lui, l'impression d'une capacité qui se réserve.

D'autre part, il a réussi à caser des membres de sa famille dans toutes les sinécures que la République prodigue à ses rongeurs les mieux endentés.

Il y a des Sauriens, fils, neveux, filleuls, cousins au trente-neuvième degré, assis sur les ronds-de-cuir de tous les ministères, et non pas comme gratte-papiers infimes, mais comme chefs de division ou secrétaires particuliers. Des Sauriens maîtrisent les requêtes, ouvrent leurs conduits auditifs au Conseil d'Etat. Des Sauriens dorment debout à la Cour des Comptes. Des Sauriens culminent dans les

Tabacs. Des Sauriens déploient des parasols tricolores chez les Annamites et les Malgaches. Des Sauriens drainent les porte-monnaie des contribuables, au profit du Trésor, en Bretagne et en Lorraine, en Provence et en Picardie. Des Sauriens plastronnent, sous des feuillages d'argent, en des préfectures comparables, pour les mœurs paisibles de leur population, à des champignonnières.

Etayé par cette clientèle, qui chante ses mérites sur le mode majeur, le chef de la tribu a formé le parti radical-restrictif où sont entrés, avec enthousiasme, ces mous, ces muets, ces icoglans et ces eunuques qui béent sur les banquettes gauches de la Chambre, entre les grands braillards du socialisme et les solennels farceurs du Centre.

Par ainsi, Saurien était devenu quelque chose faute de pouvoir devenir quelqu'un. La bêtise propre aux parlementaires lui avait conféré de l'influence de sorte que les cinq ou six malins qui mènent la députasserie à la glandée étaient obligés de compter avec lui. Lors des crises ministérielles, c'est lui d'abord que l'on consultait, ses grognements sibyllins étant tenus pour des oracles. Même, à plusieurs reprises, Marianne l'avait chaussé, en guise de cavate — le temps de se commander des brodequins plus décisifs. Ce qui signifie qu'il lui arriva de présider le conseil des ministres. Bien entendu l'on se hâtait de le remplacer dès qu'on avait soudoyé quelque banquiste moins borné.

Trente ans avaient coulé depuis que Saurien bedonnait et bredouillait dans les assemblées. Fidèle, parce que sursaturé de faveurs, son comité lui façonnait des reélections triomphales — manœuvre du reste aisée car on lui avait seriné, une fois pour toutes, un discours élastique dont, par accoutumance, il crachotait, sans trop de peine, les périodes, les jours où il sollicitait le renouvellement de son mandat. Cette harangue, corroborée par des palmes académiques, des pièces de cent sous et des futailles mises en vidange au moment propice, lui maintenait une de ces majorités imposantes que le suffrage universel réserve aux nullités dont il fait ses délices.

Mais voici qu'un incident se produisit qui

menaçait d'entraver la carrière si glorieusement négative, de Saurien.

Les Chambres avaient soudain découvert qu'on ne payait pas assez les services qu'elles rendent à la France, en lui fournissant l'illusion d'être gouvernée. Elles estimaient qu'un sénateur et un député ne peuvent vivre à moins de quinze mille francs par an. Car enfin, il s'agit de raisonner équitablement : bourdonner dans le vide, sommeiller au Palais-Bourbon ou au Luxembourg, tenir un bureau de placement à l'usage des électeurs, encourager l'art en chatouillant les figurantes des petits théâtres, en se faisant dindonner par le corps de ballet de l'Opéra ou par les ingénues sexagénaires de la Comédie, ce sont là des occupations qui exigent de la dépense. Et puis tout augmente : les denrées et le tarif des bulletins de vote. Qu'est-ce que deux louis quotidiens ? A peine le strict nécessaire pour ces hommes dévoués qui, par amour du bien public, consument leurs forces à élargir l'assiette de l'impôt. Et notez que, moyennant une somme aussi minime, ces patriotes et ces humanitaires s'engageaient à : 1° Traquer et dévaliser sans merci les catholiques et leurs prêtres. 2° Combler l'armée de poudres inoffensives et la marine de charbons incombustibles. 3° Taxer, comme objets de luxe, les savons et les serviettes-éponges. 4° Héberger, avec faste, le prince de Balkanie et les envoyés de la République-sœur de Caracas. 5° Renouveler le trousseau de maintes Aspasies nettement gouvernementales. 6° Assurer aux anciens Présidents de la République, aux parlementaires dégommés, à leurs femmes de ménage et aux hoirs d'icelles des pensions et des retraites. 7° Sous couleur de finances, faire prendre au populaire les vessies juives pour des lanternes magiques.

Ces travaux et d'autres encore, tels que la transmutation des lingots de la Banque en papiers russes, valaient bien quinze mille francs annuels.

Les Chambres en jugèrent ainsi ; de sorte que l'augmentation fut votée, parmi des clameurs d'allégresse, en une seule séance qui dura tout juste dix minutes.

Quelques députés esquissèrent bien une vague protestation. Mais les hurlements faméliques de l'Extrême-Gauche leur coupèrent la parole. L'un d'eux qui, par surcroît, portait, sans rougir, ce signe d'infamie : le catholicisme, déclara qu'il distribuerait le surplus de son indemnité aux pauvres de son arrondissement. Il fut hué, traité de « vache » et de « sagouin » par les lieutenants du citoyen Jaurès, rappelé à l'ordre par Brisson, président austère. On parla même de le chasser de ce temple de la vertu qu'on appelle la Chambre ; une si impudente sollicitude à l'égard des meurt-de-faim, devant être qualifiée de tentative de corruption électorale.

Les quinze mille francs acquis, une ère de prospérité allait à coup sûr commencer pour la France. — Mais, détail incompréhensible, un certain nombre d'électeurs en jugèrent différemment et, entre autres, ceux de Saurien.

L'éminente nullité s'était transvasée dans sa circonscription, soi-disant aux fins de rendre compte de son mandat. La parade avait lieu comme ceci: cependant que Saurien se pavanait, sur des tréteaux garnis d'andrinople, parmi les délégués des Loges et les membres de son comité, l'un de ses acolytes lisait un papier où il était

affirmé que le radicalisme ne cessait de servir le progrès en promulguant, que, demain, sans faute, on mettrait à l'étude les réformes propres à garantir honneurs et profits aux citoyens qui se montreraient athées intrépides, pacifistes irréductibles et propriétaires féroces. D'habitude, la séance se terminait par des acclamations à la gloire du représentant et par un ordre du jour dithyrambique où ses électeurs lui renouvelaient leur confiance. Cette fois, il n'en alla pas de même. Dès le prologue de la pasquinade, la salle retentit d'apostrophes incongrues et de cris d'animaux. Le porte-paroles de Saurien ne parvint pas à se faire entendre. Des gens aux poings brandis se dirigèrent vers l'estrade, avec de telles invectives à la bouche, que le député, pris de panique, se leva pour se dérober à la rude accolade dont on le menaçait. Il gagna la porte sous une grêle de tomates, de poires blettes et d'œufs gâtés et il s'enfuit poursuivi par cette clameur grosse de catastrophes:
« A bas les quinze mille ! »

Il fallut bien se rendre à la désolante évidence que l'augmentation manquait de popularité. Le comité dut avouer à Saurien que sa reélection serait fort compromise s'il n'inventait quelque biais pour revenir sur cette première des grandes réformes annoncées.

D'autant qu'un misérable médecin de campagne battait le pays en se déclarant socialiste et versait sur le feu des indignations l'huile de son éloquence anti-saurienne.

Il y avait là l'indice d'une candidature rivale.

De retour à Paris, Saurien s'empressa de provoquer une réunion des radicaux-restrictifs. Il leur exposa ses déboires, abonda en pronostics défavorables sur les prochaines élections, invoqua l'intérêt supérieur de la République et insinua qu'il serait peut-être prudent de revenir aux neuf mille francs périmés. Stimulé par le danger, il réussit presque à prononcer trois phrases de suite.

Mais ses suggestions furent on ne peut plus mal accueillies. Des rugissements, auprès de quoi les cris de ses électeurs n'étaient que rossignolades et soupirs de flûte, ébranlèrent le plafond. Saurien plia sous l'orage.

Sommé de disparaître, il donna sa démission

de président du groupe et s'éclipsa tandis que ses collègues juraient de mourir plutôt que d'abandonner leur butin. On flétrit Saurien dans un manifeste où, par surcroît, il était expliqué au peuple que subsister dans la capitale est impossible à qui ne se trouve point en mesure d'égrener quinze mille francs le long des 365 jours de l'année.

Ainsi roulé dans la crotte, ahuri et navré, Saurien se demanda que faire. Il songea un instant à quitter la vie politique. Mais, instruite de cette velléité, la tribu saurienne se leva comme un seul homme, et lui représenta que s'il se dérobait, tous ses suivants seraient extirpés, comme des molaires pourries, des sinécures où ils avaient pris racine. Or il se devait à sa famille et à sa clientèle.

Alors Saurien se résolut à solliciter Legranpan.

Un matin de janvier, vers midi, celui-ci le reçut dans son cabinet de la Place Beauvau. Saurien, les yeux embrumés de larmes et la voix chevrotante, étala sa déconfiture. Et Legranpan s'amusait fort, à part soi, à constater l'effondrement de ce cube de sottise qui, jadis, au temps où lui-même gisait écrasé sous les ruines du Panama, s'était montré l'un des plus ardents à jouer les Aliborons vertueux et à s'écarter de lui comme s'il eut propagé la peste. Puis, parmi les impersonnalités visqueuses qui obstruent les conduits du pouvoir, Saurien avait été l'une des plus collantes. Legranpan se disait qu'à cette heure, un vigoureux coup de pompe suffirait à le précipiter pour jamais dans les abîmes méphitiques d'où il n'aurait jamais dû sortir.

Comme l'ex-cacique des radicaux-restrictifs s'apesantissait en lourdes plaintes sur l'ingratitude de ses collègues et de ses électeurs, le ministre l'interrompit :

— Oui, n'est-ce pas, dit-il, c'est dur de se voir charrier à la poubelle par des imbéciles qui vous encensaient la veille ?... Je connais ce revers. Vous vous rappelez, autrefois, quand on me pourchassait comme malpropre, il y en eut qui se lavèrent les mains et me vidèrent leur cuvette sur la tête.

Saurien fit semblant de ne pas comprendre

l'allusion. Il essaya de prendre la pose d'un Coriolan pour s'écrier :

— Puisque la France méconnaît mon dévouement, je veux la fuir. Donnez-moi une ambassade. Je suis bien vieux, bien fatigué, mais si je meurs à l'étranger, du moins ce sera en servant la République.

— Sublime, ricana Legranpan. Ingrate patrie, tu n'auras pas mes os. Le mot est historique. Mais si je vous envoyais à Pétersbourg ou à Vienne et que vous décédiez, qu'est-ce que les Russes ou les Autrichiens pourraient faire de votre squelette, je vous le demande ?... Des manches à couteau, et encore ! D'autre part, vous n'êtes pas fichu de mener une négociation ni même d'appliquer de la pommade sur une caboche impériale, un jour de cérémonie officielle.

Saurien était trop liquéfié par sa mésaventure pour s'offenser de ces railleries. Il se contenta de répondre humblement :

— Mon expérience de la vie publique, à Paris et en province, me permet de croire que je saurais me tirer d'affaire ailleurs. Essayez-moi.

— Hum, reprit Legranpan, c'est chanceux. Parce que vous avez reçu des légumes à la figure en Loire et Garonne, vous vous imaginez que *diplomate* rime nécessairement avec *tomate*. En poésie, c'est vrai ; en politique étrangère ce l'est moins... Enfin, je verrai. Je vous confierai, sans doute, pour commencer, une mission temporaire.

— Et laquelle ?

— Eh ! je ne sais pas moi ! Je réfléchirai. Ou plutôt si, je sais : vous irez étudier les progrès de la culture maraîchère en Australie. Vous pourrez emporter, comme objets de comparaison, quelques-uns des produits dont vos électeurs vous ont gratifié...

Saurien n'obtint que ces cruelles goguenardises. Il se retira en gémissant et sentit redoubler son désespoir lorsque, dans l'antichambre, il remarqua que divers politiciens qui, hier encore, multipliaient les courbettes autour de M. le président du groupe des radicaux-restrictifs, feignaient aujourd'hui de se plonger dans des conversations passionnantes pour ne point paraître l'apercevoir. Combien de fois il avait de même esquivé le contact des vaincus de la tripoterie parlementaire ! Trop bourrelé pour s'en souvenir, il s'éloigna le front bas. Ce dernier trait lui avait percé le cœur.

Resté seul, ce vieux gamin pervers de Legranpan fit un geste de débarras qui s'acheva presque en un pied de nez à l'adresse de Saurien. Mais tout de suite son visage se rembrunit car des soucis plus sérieux que celui de repêcher cette épave le harcelaient.

Depuis plusieurs mois, pour servir les intérêts de la Banque juive, la France avait commencé la conquête du Maroc. Des troupes avaient été débarquées sur deux points de la côte et les instructions données à leurs chefs étaient telles qu'ils ne savaient s'il leur fallait pénétrer dans l'intérieur ou se borner à repousser les attaques de Maugrabins. Au vrai, l'objectif visé par la finance consistait en ceci : pousser des pointes sur les villages situés à une vingtaine de kilomètres du littoral, puis se replier dans les ports de façon à produire, en Bourse, des hausses et des baisses, d'après ce va-et-vient burlesque. La cote montait et descendait, tour à tour, selon les dépêches envoyées d'Afrique. Et ce jeu de piston, ruinant divers gogos, enrichissait, par contre-coup, les agioteurs sémites mis dans le secret de la farce.

Legranpan avait observé la consigne que ses patrons d'Israël lui avaient prescrite. Tous les ordres signifiés aux généraux qui assumaient la charge de l'exécuter se résumaient en deux phrases :

— Avancer en reculant. Reculer en avançant.

Mais voici qu'entraîné à la poursuite d'une *mehalla*, l'un de ces stratèges venait de se permettre d'enlever une ville sise un peu plus loin que les cinq lieues fatidiques. Il en résulta une fluctuation du baromètre boursicotier dont nos Shylock nationaux n'avaient point prévu les effets. Ils en témoignèrent de l'humeur à Legranpan. D'autre part, l'Allemagne, qui n'entendait point que la France fît un pas sans son assentiment, criait à la violation de l'acte d'Algésiras. Le kaiser Wilhelm crispa sa main sur le pommeau de son sabre et déclara qu'il allait faire aiguiser cette arme redoutable.

Sur quoi, un certain Bécasseau, tripatouilleur

des affaires étrangères dans l'équipe qui avait précédé Legranpan et sa bande au pouvoir, jugea l'occasion propice d'opérer une rentrée sensationnelle en affirmant à la Chambre que la France était assez forte pour affronter les menaces teutonnes et les rodomontades du Hohenzollern.

Quels qu'en fussent les dessous, cet accès de dignité réjouit tous les cœurs généreux, tous ceux qui ne se consolent pas de voir une poignée de voleurs cosmopolites maintenir la patrie en posture d'humble servante devant les Barbares d'Outre-Rhin.

Mais la seule apparence d'un conflit avec l'Allemagne terrifiait les parlementaires. Ils se rendaient compte que le jour où le pays reprendrait conscience de lui-même, c'en serait fini pour eux des festins et des godailles. Ils n'admettaient pas que la table, où ils se chafriolaient depuis tant d'années, fût desservie sous prétexte de revanche. Parce qu'un Bécasseau se permettait de souffler du clairon, faudrait-il plier serviette avant d'avoir torché les plats jusqu'à l'émail ?

— Plutôt que d'en courir le risque, ils résolurent de s'aplatir sous l'arrogance prussienne.

C'est pourquoi une interpellation fut aussitôt concertée entre les différents groupes de gauche. Les espions que Legranpan soudoyait à la Chambre l'avertirent que si, dans sa réponse à Bécasseau, il se permettait la plus mince velléité d'indépendance vis-à-vis du Kaiser, sa chute était inévitable. Ainsi continuait la trahison permanente dont la France est la victime depuis Gambetta

Songeant à ces choses, Legranpan retouchait le discours qu'il ferait réciter, cette après-midi, par son commis actuel aux affaires étrangères : le sieur Canichon. Il s'appliquait à tourner des phrases rassurantes pour la pleutrerie des Gauchards, favorables aux opérations d'Israël et soumises à l'égard de l'Allemagne.

Cette sale besogne lui pesait. Bien qu'il fût presqu'aussi dénué de patriotisme qu'un Jaurès, quoique sa misanthropie s'accommodât d'émouvoir, une fois de plus, dans l'âme des Juifs et des parlementaires les sentiments les plus bas ; égoïsme, lâcheté, avarice, un vieux restant de sang français bouillonnait dans ses veines à la pensée qu'il fallait se mettre à genoux parce que Guillaume fronçait le sourcil.

Comme il arrivait souvent à cet autoritaire dévoyé dans l'intrigue, la face pâle et souveraine de Bonaparte lui apparut. Il rêva de 18 brumaire. L'illusion fut si forte qu'il lui semblait entendre les grenadiers de Lefèvre faire sonner les crosses de leurs fusils sur le parquet de cette Chambre servile.

Mais la réalité le ressaisit bien vite. A quelles vaines rêveries perdait-il son temps ! N'était-il pas le prisonnier des Juifs, enlisé jusqu'au menton dans le bourbier radical ? Il devait obéir — quitte à se venger, comme de coutume, en faisant le plus de mal possible à ses complices et à ses adversaires.

D'autres préoccupations vinrent à la rescousse. L'épais Deurière, qui présidait pour lors aux pirateries fédérées sous le nom de République, ouvrait des sapes sous les pieds de Legranpan. Cet individu, d'une sottise presqu'aussi compacte que celle de Saurien, ne pardonnait pas au ministre les sarcasmes méprisants que celui-ci lui dardait en plein lard, chaque fois que le conseil se réunissait à l'Elysée.

Des rapports sûrs dénonçaient Deurière comme poussant, à la sourdine, maints députés de son entourage contre l'impitoyable railleur. Qui sait si, au cours de la prochaine séance, ces amis de l'Exécutif ne réussiraient pas à coaliser toutes les haines que Legranpan avait suscitées ? Il ne perdait pas de vue que les neuf-dixièmes de sa majorité se constituaient de pauvres cervelles envieuses qui, imbues d'esprit démocratique, ne pardonnaient à leur chef ni la supériorité de son intelligence ni sa façon de leur jeter, comme des bribes de côtelettes à des chiens, les lambeaux du budget.

Il se demanda ensuite si, dans le cas d'un assaut donné au ministère, ses collègues le soutiendraient. Ils étaient, à peu près tous, ses créatures ; lui, les tenait par cent histoires louches et il les menait comme les trafiquants en caoutchouc mènent leurs nègres.

Aussi s'attendait-il de leur part à toutes les trahisons.

Il les passa mentalement en revue.

Il y avait le Canichon déjà nommé. Un ex-ambassadeur à Pékin, célèbre pour sa couardise. Il s'était, en effet, caché dans une cave pendant tout le temps qu'avait duré le siège des Légations par les Boxers. Ignorant les plus simples rudiments de la politique étrangère, il aurait donné, avec empressement, dans les pièges tendus par les roués de la Chancellerie allemande et du Foreign-Office, si Legranpan ne l'avait tenu en lisières et ne lui avait soufflé ses moindres propos.

A la Justice, Périclès Briais, anarchiste repenti, ruffian issu des ruisseaux de Nantes et d'autant plus désigné pour fausser les balances de la triste Thémis qu'il possédait un casier judiciaire où la police correctionnelle avait laissé sa trace. Il avait débuté par le portefeuille de l'Instruction publique et des Cultes. C'est lui qui, flanqué d'Hébreux retors, organisa, sous prétexte de Séparation, le vol des biens congréganistes, dirigea l'hallali du clergé catholique et entama, d'une pioche hypocrite, les fondations de l'Eglise de France.

L'antique basochien, qui frelatait les sceaux avant Briais, étant mort subitement, Legranpan estima que nul ne saurait épurer la magistrature comme cette fleur des égouts ponantais. Il s'agissait, du reste, de casser aux gages quelques juges qui s'étaient permis de montrer un semblant d'équité dans l'affaire dite des fondations de messes.

Le remplaçant de Briais, rue de Grenelle, ce fut Ladoumerdre, un huguenot, fils de pasteur, recuit de fiel calviniste et qui jurait, avec véhémence, qu'avant peu, par ses soins, tout le personnel enseignant serait blanchi à l'égal des momiers les plus genevois.

Aux Finances, Cabillaud, un agité qui, de l'arithmétique, ne connaissait que la soustraction et qui effarait ses subordonnés par des fantaisies délirantes en matières d'impôts. Au surplus, valet dévoué d'Israël — ainsi qu'il sied en République.

A la guerre, Egrillard, hier lieutenant-colonel, chassé de l'armée pour indiscipline opiniâtre, aujourd'hui, général de division et ministre par la grâce de Legranpan. Ses capacités, comme administrateur et tacticien, demeuraient fort mystérieuses. Par contre, on le disait excellent pianiste et galantin des plus musqués.

A la Marine, un Juif anglais, métissé d'Italien, du nom de Johnson. Ancien marchand de cacaouètes dans les rues de Constantine, il avait fait fortune en prêtant à usure aux caïds de la province. Maintenant, il assistait, avec un flegme tout britannique, aux échouements continuels des cuirassés et il enregistrait, non sans allégresse intime, les disparitions de documents secrets, subtilisés dans les arsenaux par ses coreligionnaires.

Qui encore ? — Mourron-Lapipe, tenancier d'un bazar à treize sous dans une ville du Midi. Bombardé ministre des colonies, personne ne savait pourquoi, il prenait Saïgon pour un port de la mer Caspienne.

Le reste ne valait pas la peine d'une remarque sauf, peut-être Trottignon, sous-secrétaire d'Etat à la guerre. Comme il est de tradition jacobine de se méfier des généraux, eussent-ils fourni mille preuves d'obéissance aux Loges, on l'avait adjoint à Egrillard pour qu'il le surveillât. Bien entendu, Trottignon, avocat de province, n'avait jamais porté l'uniforme. Il était incapable de distinguer une gamelle de campement d'une culasse mobile. Mais il s'était rendu notoire par une sentence lapidaire que voici : « Il nous faut une armée de citoyens ne possédant à aucun degré l'esprit militaire. » De là, son entrée dans les grandeurs (1).

Legranpan savait fort bien qu'au premier symptôme d'une voie d'eau dans la cale de la péniche qui portait sa fortune, tous ces rats, lâchés par lui à travers la soute aux vivres, s'empresseraient de déguerpir. Il les connaissait trop pour tabler sur leur dévouement ; mais par amour-propre, il ne voulait pas leur laisser entrevoir qu'il les suspectait de traîtrise. Cependant il se promit de les ranger, le cas échéant, à l'obéissance en leur rappelant qu'il

(1) Ce n'est point l'habitude de mettre des notes au bas des pages d'un roman. Toutefois, l'auteur croit bon de rappeler que cette phrase — suggestive fut prononcée, absolument telle quelle, par un politicien très connu, pendant l'Affaire-Dreyfus.

y avait des cadavres mal enterrés dans le passé de chacun d'eux.

Le seul qui lui donnât un sérieux ombrage, c'était Périclès Briais. Ce doucereux chenapan ne dissimulait pas trop qu'il visait à la présidence du Conseil. Par sa souplesse et sa duplicité, il avait réussi à conquérir des sympathies jusque chez les nationalistes. En outre, les deux étoiles du Centre, Bribault — dit *oïa képhalè* — et Ripolin-Lachamelle, l'un et l'autre aussi nuls que sonores, lui pardonnaient sa jeunesse fangeuse et prophétisaient son évolution imminente vers le progressisme le plus gélatineux. C'est que Briais feignait une admiration violente pour leur éloquence. Chaque fois qu'il devait monter à la tribune, il les consultait sur l'art d'arrondir les périodes. Cette déférence roublarde touchait si fort les honnêtes bavards qu'ils ne pouvaient se retenir de voter pour le ministère tant les balivernes scélérates débitées par Briais leur semblaient anodines — ayant été polies sur le modèle qu'ils lui avaient indiqué.

Enfin, même à droite, il se trouvait des catholiques assez naïfs pour croire que si Périclès traînait l'Eglise dans la boue, c'était à contrecœur et parce que la poigne tyrannique de Legranpan l'y obligeait. Aussi espéraient-ils découvrir en lui un nouveau Constantin, le jour où il raflerait le pouvoir.

— Ça, se dit Legranpan, qui se récapitulait les manigances de Briais, c'est de la belle ouvrage. Ce bougre-là sait manier, comme personne, les ficelles qui font agir nos pantins du Parlement... Oui, mais faut pas qu'il aille jusqu'à me chiper ma place de marmiton en chef dans les cuisines de Marianne. Je le tiendrai à l'œil...

Comme il méditait sur les moyens de casser l'échine à Briais, Lhiver, son chef de cabinet, entra.

CHAPITRE X

Considérant la pile de paperasses que Lhiver se disposait à placer sur son bureau, le ministre s'écria :

— Qu'est-ce que c'est que tout cela ? Croyez-vous que j'ai le temps de donner des signatures ?

Placide, habitué à toutes les variations d'humeur de l'irascible politicien, le chef de cabinet répliqua :

— Il n'y a rien qui presse. Je classerai mes dossiers pendant que vous serez à la Chambre. Vous signerez à votre retour ; ce sera l'affaire d'une demi-heure.

— Alors pourquoi me déranger ? Vous savez bien qu'il me faut mettre au point le discours de Canichon, sans quoi il commettrait quelque impair qui flanquerait le cabinet dans la mélasse.

— Bah, reprit Lhiver, si Canichon fait fausse route, vous serez là pour rectifier la direction. D'ailleurs, je suis informé que les meneurs de l'intrigue contre le ministère ne parviennent pas à s'entendre. On escompte votre chute ; mais comme tous veulent les mêmes portefeuilles, ils se divisent. Vous n'aurez pas de peine à ramener la majorité dans l'obéissance. Croyez-moi donc : cette fois encore, il n'y a pas péril en la demeure.

Legranpan s'adoucit. Il savait Lhiver incapable de le trahir, ayant expérimenté que, dans son entourage, il était le seul qui le servît, non par calcul, mais par dévouement à une intelligence fort supérieure à celle du plus grand nombre des radicaux.

— Après tout, reprit-il, en rassemblant ses notes, je ne puis faire davantage. Cela suffira pourvu que Canichon ne s'avise pas de sortir ce qu'il prend pour des idées personnelles. Du reste, je le stylerai pendant que le premier de ces messieurs sera en train de nous raser à la tribune... Mais vous, avez-vous autre chose à me dire ?

Lhiver sortit un papier de sa poche et commença :

— C'est le discours prononcé par le roi d'Espagne, lorsqu'il reçut, avant-hier, notre nouvel ambassadeur à Madrid. Il y a là une phrase qui, si l'on ne la modifie, va faire crier les Francs-Maçons. La voici : « On dirait que la Providence elle-même a voulu associer les destinées de la France et de l'Espagne en faisant subir simultanément à nos deux pays des épreuves analogues. »

— Eh bien, dit Legranpan, en quoi gênerait-elle les Loges, cette phrase ? Je ne saisis pas...

— C'est le mot *Providence*. Ce discours doit être publié à *L'Officiel*. Et vous vous rappelez, qu'à la demande des Francs-Maçons, il a été décidé que les mots *Dieu*, *Providence*, ou autres du même genre seraient évités dans les publications faites sous le contrôle du gouvernement.

Legranpan se renversa dans son fauteuil. Un rire silencieux lui plissait la face. Quoique haïssant la religion d'une haine tenace et réfléchie, quoique prêt à infliger aux catholiques les persécutions les plus sournoises — toujours au nom de la tolérance — il était trop spirituel pour ne pas juger bouffonne l'animosité des Francs-Maçons contre des vocables que le démon subtil qui le possédait lui avait appris à présenter comme dénués de signification.

Quelle niaiserie, dit-il, mais allons, pour ne pas faire de peine à *la Truelle pétulante* ou aux *Taciturnes de la Tulipe*, au lieu de la Providence, mettez la nature. Cela ne veut rien dire et c'est une entité particulièrement agréable aux Loges. Vous savez l'hymne maçonnique :

> *Notre évangile est la nature*
> *Et notre culte, la vertu...*

Seulement Alphonse XIII admettra-t-il qu'on corrige son discours d'après les plus récents manuels de philosophie laïque ?

D'un coup de crayon, Lhiver modifia la phrase en haussant les épaules, car il partageait l'avis du ministre touchant la mentalité des Loges.

— Oh ! dit-il, je gagerais que le roi d'Espagne
ne lit pas L'Officiel.

— Il a de la chance, déclara Legranpan, je
voudrais bien pouvoir en dire autant...

Puis comme il n'entendait point perdre l'occasion de faire un mot, il ajouta :

— Et vous, Lhiver, croyez-vous en Dieu ?

— C'est selon, répondit le chef de cabinet, évasif.

— Moi, il y a des jours. Somme toute, j'estime assez ce vieillard. Mais — nous ne nous fréquentons pas.

Sitôt proféré ce blasphême, il s'assombrit.

L'orgueil rigide qui formait le fond de son caractère le portait à railler le Nom terrible. Pourtant, lorsqu'il lui arrivait de lancer ainsi quelque brocard sacrilège, une voix secrète s'élevait en lui qui niait la sincérité des parades d'athéisme où il s'efforçait et une sourde terreur lui remuait l'âme. — On peut tenir pour assuré qu'il en va de même chez la plupart des fanfarons contre l'Eternel qui rêvent d'instaurer, d'une façon définitive, le Règne de la Bête.

Lhiver, beaucoup moins endiablé que Legranpan, n'aimait pas ce genre de plaisanterie. Pour faire diversion, il reprit :

— A propos de Francs-Maçons, Mandrillat désirerait vous parler. Comme il ne se souciait pas de croquer le marmot dans votre antichambre, je l'ai fait passer par chez moi : il attend à côté. Etes-vous disposé à le recevoir ?

— Qu'est-ce qu'il veut encore celui-là, grogna Legranpan qui avait oublié sa dernière entrevue avec le Vénérable. Je n'ai guère de temps... Voici qu'il va être l'heure de gagner mon perchoir à la Dindonnière.

La Dindonnière, c'est ainsi qu'entre intimes, Legranpan désignait la Chambre.

— Enfin, faites-le entrer.

Lhiver ouvrit la porte de communication entre son cabinet et celui de Legranpan et fit un geste d'appel à Mandrillat qui attendait en pétrissant, d'une main anxieuse, les bords de son chapeau.

Le gros homme se précipita vers le ministre et multiplia les courbettes et les phrases flatteuses.

— Bonjour, bonjour, interrompit Legranpan, qu'est-ce qu'il vous faut ?

Mandrillat rappela le banquet, qui lui tenait fort à cœur, car il en espérait un renouveau de prestige. Il insinua que, vu l'état des affaires au Maroc, l'occasion serait favorable pour le ministre de prononcer une harangue qui rassurerait le commerce républicain, lequel tremblait dans sa culotte à l'idée d'un conflit avec l'Allemagne, — Legranpan recueillait d'une oreille assez distraite les périodes mielleuses où s'engluait le Vénérable. Cependant il réfléchit que l'agape lui fournirait le moyen de se démentir dans le cas où un sursaut de dignité l'entraînerait trop loin, à la Chambre.

Il se leva et, tout en endossant sa fourrure, il dit :

— Soit, je consens à manger du veau en compagnie de vos épiciers et de vos entrepreneurs de charpentes. Mais vous vous souvenez que j'avais posé une condition : c'est que votre fils nous fichera la paix.

Avez-vous fait le nécessaire pour cela ?

— Certes, M. le Président du Conseil, affirma

Mandrillat, je l'ai réprimandé comme il faut et je puis vous garantir qu'il n'y a plus rien à craindre de ses écarts juvéniles.

— A la bonne heure... Puisqu'il en est ainsi, je crois, en effet, que votre festin pourra me servir à dégoiser les blagues dont, selon vous, le commerce républicain serait affamé. Mais tenez, accompagnez-moi jusqu'à la Chambre; nous causerons en route.

Mandrillat exultait et entonnait les litanies de la platitude la plus reconnaissante. Sans l'écouter, Legranpan continua :

— Nous passerons par chez vous, Lhiver. Si je me risquais dans l'antichambre, j'en aurais pour une heure à écouter tous les mendigots qui la pavent. Et j'ai bien d'autres tigres à fustiger !

Il en fut ainsi. Tandis qu'ils gagnaient la cour par un escalier dérobé, Mandrillat redoublait d'empressement, s'effaçait à toutes les portes, afin de céder le pas au ministre et jubilait si fort que sa large face rayonnait comme une pleine lune.

Ils montèrent dans l'auto qui attendait au

perron. La machine démarra lentement sous les regards envieux des solliciteurs : préfets, sénateurs, députés, qui, accourus aux fenêtres de l'antichambre, se plaignaient d'être venus pour rien et qualifiaient sans charité la faveur de Mandrillat.

La voiture franchissait la grille dorée, ouverte à deux battants, qui donne sur la place Beauvau, quand le ministre aperçut un jeune homme qui, collé jusqu'alors contre la façade de la maison voisine, s'en détachait, d'un bond, et accourait, en fouillant sous son pardessus comme pour y prendre une arme.

En un éclair, Legranpan comprit que c'était un assassin. D'instinct, il se jeta de côté et, dans ce mouvement, découvrit Mandrillat. Aussitôt qu'il vit le Vénérable, le jeune homme s'arrêta comme pétrifié, devint blême puis fit un pas en arrière.

Legranpan, très calme, selon cette bravoure physique qui serait l'une de ses vertus s'il ne s'y alliait tant de lâcheté morale, le désignant à Mandrillat, qui n'avait rien remarqué, dit sans même élever la voix :

— Qu'est-ce que c'est que ce petit bonhomme ?

Et Mandrillat, tout ébahi :

— Mais c'est mon fils ! Que diable fait-il donc là ?...

— Il faudra me le présenter, un de ces jours, riposta Legranpan, toujours impassible, on pourra peut-être en faire quelque chose.

La scène avait à peine duré quelques secondes.

L'auto se mit en troisième vitesse et fila vers l'avenue des Champs-Élysées.

Mandrillat, sans se douter de la catastrophe qu'il venait d'effleurer, répétait :

— Oui, M. le Président du Conseil, un discours pacifique de vous ferait plus que cinquante déclarations de Canichon.

Legranpan hochait la tête sans l'écouter. Il se réserva d'éclaircir le mystère de cet attentat. Puis il se demanda ce qui serait arrivé si l'assassin avait fait de lui un cadavre.

Mais il ne lui vint pas à l'esprit de remercier cette Providence qu'il avait bafouée tout à l'heure et qui venait de le protéger comme par miracle.

Charles, immobile sur le trottoir, regardait s'éloigner la voiture. Son cœur battait à grands coups; ses jambes fléchissaient sous lui ; il lui semblait que des cloches sonnaient le tocsin dans sa tête. Il dut s'appuyer à la muraille pour ne point tomber.

— Je ne pouvais pourtant pas tuer mon père, murmura-t-il.

Le matin, il était sorti de chez lui avec la ferme résolution de faire sauter Legranpan. Les journaux lui ayant appris que celui-ci devait parler, le jour même, à la Chambre, il avait calculé qu'en le guettant à la sortie du ministère, il trouverait facilement l'occasion de réaliser son affreux projet, fallut il, pour cela, patienter plusieurs heures.

La bombe, il l'avait fabriquée en tôle brisante de façon à obtenir des éclats nombreux et coupants.

Outre le mélange explosif, d'une grande puissance, dont il l'avait bourrée, elle contenait des balles de plomb machûré. La détente était disposée de telle sorte qu'il suffisait d'un choc un peu fort pour que la déflagration se produisît.

Il avait donné à l'engin à peu près la forme, les dimensions et l'épaisseur d'un volume in-18 de trois cents pages. Plutôt que de la porter à la main, ce qui aurait pu amener une explosion prématurée, par suite d'un heurt fortuit, il la plaça contre son estomac, en la maintenant, sous son pardessus et son veston boutonnés, par une large ceinture de laine. Il estimait qu'il lui serait facile de la sortir rapidement, à la minute opportune et de la lancer avant que personne eût le temps d'intervenir.

— Peut-être, pensa-t-il, en tâtant la bombe, serai-je, moi-même blessé par l'un des éclats. Mais tant pis : l'essentiel, c'est qu'elle ne me tue pas, afin que je puisse expliquer la grandeur de mon acte devant ceux qui se figureront me juger... Enfin, je prendrai soin de me garer le mieux possible.

Tout en surveillant la grille du ministère, il avait éprouvé un sentiment d'orgueil intense à constater qu'il demeurait lucide et ferme dans sa résolution. Telle était l'emprise de l'idée fixe du meurtre en lui qu'il se croyait assuré que nul retour de faiblesse humaine ne le ferait hésiter au moment décisif. Même alors, il ne réfléchit pas que sa bombe atteindrait peut-être des innocents. Il ne considérait que la portée symbolique de son crime et il se la formulait ainsi :

— Legranpan résume, au pouvoir, un état social où règnent l'astuce et la servilité. En lançant la bombe, j'agis en homme libre, je m'affranchis de ce pouvoir et je me prouve supérieur à lui.

Rien d'autre. Au rebours des anarchistes qui jouaient de la dynamite avec l'espoir de déterminer, par leur exemple, les prolétaires au massacre des possédants, il méprisait trop ses contemporains pour s'inquiéter de leur blâme ou de leur admiration.

Pas davantage il ne lui importait qu'on l'imitât. — Tout le monde se soumet ; *moi seul*, je me révolte. Voilà quelle était la synthèse de son aberration.

Et, encore un coup, quel scrupule aurait pu le retenir ? On lui avait appris qu'il n'y a point de Dieu pour nous défendre de faire du mal à nos semblables. On lui avait inculqué que tous les citoyens naissant libres, égaux en droits, l'individu ne relève que de son propre raisonnement et de son propre vouloir, pour se tailler une place dans la société. Encore fallait-il que cette place, il la jugeât à sa mesure. Or, c'est ce qui n'était point arrivé. Ne trouvant pas à se classer selon la grande estime qu'il faisait de lui-même, froissé au contact de la foule routinière qui, sans pensée, sans au delà, trottine entre les brancards de l'accoutumance, il en avait conclu qu'il représentait un type d'humanité supérieur qui ne pouvait s'affirmer qu'en fracassant les cadres où végétait le vulgaire.

Et ce qu'il y avait de plus démoniaque dans son cas, c'est qu'il ne se rendait pas compte que le miroir sur lequel il se penchait pour pomponner son orgueil, c'était une flaque de sang répandu...

Lorsqu'il s'était posté près de la grille, il avait vu Legranpan monter dans l'auto sans distinguer qui l'accompagnait. C'est seulement quand la voiture fut arrivée à sa hauteur qu'il reconnut son père. Alors un éblouissement le prit. Ah ! c'est en vain qu'il croyait mépriser et même détester cet homme qui ne lui avait jamais témoigné de tendresse, qui ne lui avait donné que des exemples de vilenie et de duplicité. Comme déjà le meurtre s'échappait de sa main, la nature avait crié en lui. Tout à coup, il s'était senti plus faible qu'un enfant, incapable de tuer.

Il essuya la sueur froide qui lui baignait le front. Puis, d'un pas machinal, il s'en alla par les rues sans même songer qu'il portait la mort sur sa poitrine. — Pour cette fois, l'accès de rage homicide venait de se dissiper. Du fait qu'il avait évité le parricide, un esprit moins empoisonné de sophismes que le sien aurait pu soupçonner l'intervention divine. Mais les ténèbres qui l'opprimaient refusaient toute lumière. Dès qu'il se fut un peu repris, il s'irrita comme d'une coïncidence fâcheuse, de la présence de son père à côté de Legranpan.

— Eh bien, se dit-il, soudain rendurci, puisque je n'ai pu supprimer le ministre, je supprimerai quelque autre. Ce n'est que partie remise...

Deux fois encore, il devait recevoir les avertissements du Ciel. Deux fois encore son ange gardien devait entrer en lutte avec le démon d'orgueil qui le tenaillait.

Qui l'emporterait de celui qui disait :
— Tu ne tueras point.
Ou de celui qui disait :
— Tue, pour être le surhomme !

CHAPITRE XI

Il neige sur Paris. Les flocons descendent lentement d'un ciel opaque, où il semble que les étoiles ne s'allumeront jamais plus, et fondent dès qu'ils touchent le pavé. Il en résulte une boue glacée dont le va-et-vient des autobus et des fiacres asperge impartialement les pauvres comme les riches. Un froid bourru gerce les visages. A travers le soir fuligineux, les lampes électriques n'irradient qu'une clarté violâtre qui, mêlée à la neige et à la brume, crée une atmosphère trouble où les êtres et les choses prennent une apparence spectrale.

Malgré l'intempérie, comme c'est jour de fête, une foule endimanchée ruisselle par les rues, stagne aux devantures des magasins, surtout déferle aux portes des cafés et des brasseries. Car il s'agit d'absorber, au chaud, quelques saletés multicolores, sous prétexte d'apéritifs, avant de rentrer chez soi pour y aggraver l'intoxication par un repas dont des viandes mal conservées et des légumes très anciens fourniront les principaux éléments.

C'est dans l'une de ces tavernes, non loin de la gare Saint-Lazare, que Charles vient de s'échouer après un jour passé à errer d'un point à l'autre de la grand'ville, depuis qu'il épargna Legranpan.

Devant lui, sur la table de marbre mal essuyée, un bock auquel il ne touche point.

Pâle, le sourcil froncé, une lueur sombre au fond des yeux, il promène sur l'assistance des regards fouilleurs, comme s'il cherchait à découvrir quelqu'un parmi les humanités barbotantes et jabotantes qui s'alignent sur les banquettes, couvertes en moleskine, de l'endroit. Parfois, il porte la main à son gilet pour s'assurer que la bombe, qui ne l'a pas quitté, ne bouge pas.

Il la déteste cette petite bourgeoisie qui,

mise en liesse par les poisons anisés dont elle
s'abreuve, rabâche des gaudrioles vieillottes,
s'essaie à de pâteux marivaudages, se rengorge,
avec des mines pâmées, parce qu'au fond de la
salle, trois violons, deux violoncelles, une mandoline, raclent des valses odieusement senti-
mentales et des sélections d'opéras bonnes à
faire danser les ours du Jardin des Plantes.

Quelques figures irritent plus spécialement
le jeune homme. A sa droite, un groupe de manilleurs, pour procéder aux stupides calculs
qu'implique le jeu, prennent des airs solennels ; on dirait les grands prêtres d'une tribu
insulaire du Pacifique méditant d'étriper une
volaille à la gloire d'une idole en bois d'acajou
mal équarri.

A sa gauche, une notable famille du quartier :
le père, dont la face rose et grassouillette,
plantée de soies molles, évoque le commerce
de charcuterie qui fit sa fortune. Il commente,
sans que personne l'écoute, le dernier article
de ce Vauvenargues pour imbéciles qu'on appelle Harduin. La mère, pareillement mafflue
et luisante, se tasse sous un chapeau bizarre où

des plumes caca-d'oie ombragent une grappe de raisin d'un vert outrageant et des choux de velours ponceau. Elle ne cesse de dilater, en des bâillements réitérés, sa mâchoire osanore que pour feuilleter un illustré où se succèdent les effigies de Deurière inaugurant une porcherie modèle, d'un turlupin célèbre dans les boîtes à flons-flons obscènes du boulevard de Strasbourg et d'une poétesse mirlitonnante dont les vers et les appas, également gélatineux, plurent à Périclès Briais. Les enfants : la fille, en crise d'âge ingrat, maigriote dans sa robe trop courte, grimace, grognonne, lape de la grenadine, échange des coups de pieds, sous la table, avec son frère, même couleur de suif qui, coiffé d'un képi de général bolivien, braille, renifle et se mouche sur la manche de son papa, lequel finit par le giffler.

Devant le comptoir, le gérant hausse le menton pour mieux planer sur son peuple de consommateurs, stimule, d'un index autoritaire, le zèle des servants ou raidissant le torse, caresse sa chaîne de montre afin que chacun soit mis à même de constater qu'elle est en or. L'importance que se donne ce personnage agace Charles presque autant que les attitudes poétiquement ineptes affectées par l'individu qui taquine, d'une main trémolante, des boyaux de chat à l'orchestre. Celui-là — prétentieux comme il convient à un professeur de mandoline — tandis qu'il tracasse son instrument, lève, vers le plafond enfumé, de gros yeux noirs où miroite, comme du vernis sur un escarpin, la nostalgie d'un troubadour exilé chez d'obscurs Patagons. Ou bien, aux intervalles des morceaux, il s'accoude sur son genou et songe, en extase, que la semaine prochaine, délaissant ces rhapsodies trop coutumières, il se propose d'infliger à la mémoire de Beethoven, l'outrage d'un gratouillement de la Pathétique devant une assemblée de dames blocardes et influentes que son physique de calicot passionné fait frémir comme des harpes éoliennes.

Ces pauvres gens, et ceux qui les entourent sont à coup sûr fort ridicules. De plus, aucun idéal n'ennoblit leurs occupations quotidiennes. Ramenés, peu à peu, tout proche de l'animalité par le matérialisme que leur inculquèrent les pédagogues laïques, la presse qu'on leur recommande, les spectacles qu'on leur offre, et les mœurs des politiciens qu'on leur fait élire, ils ne songent plus guère qu'à flatter leurs instincts.

Chez eux, l'estomac prime le cerveau. Gagner, amasser, se régaler, digérer, ce sont les quatre points cardinaux entre lesquels ils gravitent. Pourtant ils possèdent une âme qui pourrait s'élever si les pervers dont ils acceptent le joug ne les maintenaient soigneusement dans le culte exclusif de la pièce de cent sous, de la sottise égalitaire et des pâtées plantureuses. —Il faut les plaindre, non les haïr.

Or, Charles les hait d'une façon farouche. Entré dans ce café pour échapper à la neige et se réchauffer un peu, tout le blesse de ceux qui s'y empilent : leur physionomie, leurs gestes, la volupté manifeste qu'ils goûtent à s'alcooliser, à ouïr d'idiotes musiques, à manier les cartes.

Voici ce qu'il se dit, tout en les fusillant de regards vindicatifs :

— Quelle race, quel bétail obtus ! Rien, hormis la trique, pourrait-il les sortir de la torpeur ignoble où ils croupissent ? En est-il un seul qui, une fois dans sa vie, ait associé deux idées ? Et cependant, ils sont les maîtres, ils sont la démocratie prépotente. Grâce à leurs suffrages, tous les fruits secs et tous les filous de France abrutissent une nation qui n'a plus qu'un souci : pâturer en paix des épluchures tandis que ses dirigeants volent et godaillent. Certains disent qu'ils sont inconscients. Hé, tant pis pour eux, car qui les fera souffrir n'aura pas plus de remords à éprouver qu'un coureur de plages piétinant une colonie de zoophytes.....

Puis sa rêverie sinistre se faisant plus concrète :

— Et si je les faisais souffrir, moi ? Qu'y-a-t-il de commun entre ce troupeau dont l'odeur de bêtise me suffoque et l'isolé que je suis ? Si je lançais la bombe dans ce café ?...

Alors une voix très basse souffla au dedans de lui :

— Ils sont innocents des maux dont se courrouce ton orgueil.

Mais aussitôt Charles rétorqua cette objection de sa conscience par la phrase prononcée naguère par un des assassins que les anarchistes exaltent comme des martyrs de leur cause : « Dans une société telle que la nôtre, il n'y a pas d'innocents ».

— Non, se répéta-t-il en déboutonnant son veston pour saisir l'engin, il n'y a pas d'innocents. Et, d'ailleurs, mon acte n'apparaîtra-t-il pas plus grandiose si j'explique aux juges, devant qui je comparaîtrai, qu'en frappant cette cohue moutonnière, je me suis fixé non d'estropier quelques individus mais de braver tout le régime que leur lâcheté m'impose ?

L'influx démoniaque l'envahissait de plus en plus. Ses nerfs vibraient ; un sourire atroce lui tordait la bouche. Déjà, il se peignait la panique de la foule, le sang qui éclabousserait les glaces fendues, les hurlements des manilleurs éventrés, les femmes évanouies. Il s'en délectait par avance et ses doigts se crispaient sur le métal de la bombe. Il allait viser le gérant dont la suffisance l'exaspérait plus particulièrement et il proférait, à mi-voix, avec un ricanement de dérision le vers des *Châtiments* qui décida Caserio à tirer le poignard :

Tu peux tuer cet homme avec tranquillité...

Mais sur l'extrême bord de l'abîme où il allait s'élancer, un souvenir lui vint tout à coup qui l'arrêta net.

Il se rappela qu'il avait promis à Chériat d'aller voir sa sœur, veuve habitant les Batignolles, et de la prier de venir auprès du moribond. C'était sur les instances de Robert Abry qu'il avait accepté cette mission. Il évitait le plus possible le catholique. Néanmoins il lui arrivait de se trouver au logis lorsque celui-ci rendait visite à Chériat. Alors, bon gré, mal gré, quoiqu'il gardât une réserve qu'il voulait méprisante, il n'était pas sans prêter l'oreille aux conversations de ses deux amis. C'est ainsi qu'il remarqua que Chériat subissait l'influence de l'ardente charité dont débordaient les paroles de Robert et que les fureurs s'étaient évaporées qui, peu de temps auparavant, agitaient le réfractaire. Encore que Charles attribuât cette conversion à un affaiblissement cérébral produit par la maladie, le contact, fut-il passager, d'une âme tout imprégnée de Notre-Seigneur comme l'était celle d'Abry l'avait lui-même attendri. Puis il savait que Chériat n'avait plus que quelques jours à vivre et témoignait un grand désir de parler à sa sœur. Il se faisait donc un devoir de la lui amener avant la fin.

Scrupule singulier, dira-t-on chez un sectaire en puissance d'homicide et qui croyait s'être arraché du cœur tout sentiment altruiste. C'est que, si dominés qu'ils soient par la malice d'En-bas, de tels enfants du siècle n'en conservent pas moins, à leur insu, quelques frêles attaches à leurs semblables. Ces liens, chez Charles, c'étaient, quoiqu'il ne se l'avouât pas, la pitié que lui inspirait le phtisique et la notion confuse d'une sauvegarde mystérieuse contre ses propres rêves, sauvegarde due à l'affection évangélique que Robert Abry ne cessait de lui manifester.

— Soit, se dit-il, je vais prévenir la sœur de Chériat afin qu'elle se rende chez moi. Ce sera vite fait, et après rien ne me sera plus facile que de jeter la bombe dans un autre café puisque, partout, à cette heure, le troupeau s'abreuve......

Il avala son bock d'un trait, paya et sortit d'un pas précipité.

— Il me faisait peur ce monsieur, dit alors la dame au chapeau singulier, il nous regardait tous avec des yeux brillants, que c'en était effrayant...

Cela, c'était l'instinct de conservation qui agissait. Cette bourgeoise, très ouverte — comme toutes les femmes — aux influences diaboliques, s'était sentie effleurée par le rayonnement du foyer d'enfer qui brûlait dans l'âme de l'assassin.

— Bah, prononça son mari, de couenne trop épaisse pour ressentir la même impression, ce devait être un ivrogne...

Et sans insister, il reprit sa glose des maximes glaireuses, éjectées, le matin, par le sieur Harduin — dit le La Bruyère des crânes pointus.

CHAPITRE XII

Il ne neigeait plus. Un vent froid soufflait qui s'engouffrait, avec des plaintes lugubres, sous les porches et cinglait rudement les passants. Paris faisait une vaste rumeur dans l'ombre rouge qui l'enveloppe la nuit.

Charles remonta la rue de Rome pour gagner le boulevard des Batignolles puis la rue Biot où demeurait la sœur de Chériat. Quoiqu'il eût hâte de remplir la mission dont il s'était chargé, afin de se retrouver seul pour vaquer à l'accomplissement du crime qu'il se jurait de commettre ce soir même, son pas se ralentissait à mesure qu'il approchait du domicile de la veuve. La démarche lui déplaisait ; en outre, le poids de cette bombe qu'il portait depuis le matin l'obsédait : il lui semblait qu'il serait délivré du tourment qui le hantait dès qu'il l'aurait jetée.

Il se demanda :

— Qui vais-je rencontrer? Si cette femme est pareille au Chériat de l'ancien temps, ce sera, sans doute, une de ces viragos qui vocifèrent des inepties dans les réunions socialistes... Oh! mais je couperai court à ses tirades. J'ai à réfléchir encore sur ce que je ferai quand la bombe aura éclaté et surtout à préparer le discours que j'assénerai au juge d'instruction.

Cette question de son attitude après la catastrophe demeurait la dominante de ses préoccupations. Comme on l'a vu, il y pensait bien plus qu'aux conséquences immédiates de l'acte horrible.

Songeant de la sorte, il arriva rue Biot, dépassa l'entrée violemment éclairée d'un café-concert d'où sortaient des braiments hystériques et des odeurs de pipe, et s'arrêta devant le numéro qui lui avait été indiqué. C'était une de ces maisons noires, étroites de façade et très hautes, où l'avidité des propriétaires entasse des dizaines de ménages ouvriers. Il pénétra dans une loge, taudis fumeux qu'encombraient des enfants criards et des guenilles jetées çà et là. Sur sa demande, la concierge, une mégère glapissante et dépeignée, lui apprit que la veuve logeait au sixième et qu'elle était chez elle.

Charles se risqua dans l'escalier aux marches branlantes et qu'éclairaient à peine des becs de gaz, en veilleuses, tous les deux étages. La rampe visqueuse collait aux doigts ; les murs suaient une humidité sale ; des relents d'âcre misère prenaient à la gorge.

Quand il fut en haut, le jeune homme découvrit un couloir qui tournait à angles brusques. Comme il n'y avait plus de gaz du tout, il dut frotter des allumettes pour se guider. Enfin, au fond du boyau, il aperçut une porte où une carte était clouée et il y lut ce nom écrit à la main : *Madame Viard, couturière*. C'était là. Il frappa. Tout de suite, une petite fille d'une douzaine d'années vint ouvrir. Il entra, en ôtant son chapeau, et vit une femme, de taille exiguë, qui cousait, assise près d'une table ronde où s'empilaient des corsages d'Indienne aux couleurs voyantes.

D'un coup d'œil, Charles inventoria la chambre. Fort peu large et très mansardée, elle prenait jour par une lucarne à ras du toit. Pour la meubler : un lit en fer, trois chaises de paille, quelques patères où d'humbles vêtements étaient accrochés, une antique commode en sapin déverni, un fourneau économique, une malle. Au mur, des photographies fanées, parmi lesquelles il reconnut le portrait de Chériat. Au-dessus de la commode, une image de sainteté en chromo représentant l'apparition de la Sainte-Vierge à Bernadette et un grand Crucifix en bois noir. Une propreté exquise régnait dans ce pauvre logis. Le carreau, tout raboteux et fendillé, avait été passé à l'encaustique. Les draps du lit, les taies d'oreiller étaient d'une blancheur éblouissante. Pas un grain de poussière sur les meubles minables.

A la lueur médiocre d'une lampe à pétrole qui brûlait sur la table, Charles examina la veuve. Bien qu'elle n'eût guère plus de trente-cinq ans, elle en paraissait davantage tant ses épaules se voûtaient à force de s'être courbées sur un travail inexorable. Ses cheveux rares grisonnaient; des rides striaient son front plus jaune que le vieil ivoire; un cercle bleuâtre entourait ses yeux ternis pour avoir versé trop de larmes. Ses lèvres décolorées, son teint plombé, ses mains diaphanes disaient l'épuisement. Et pourtant il y avait sur cette face émaciée, dans ces prunelles pâles, une expression de sérénité presque joyeuse qui frappa Charles.

La fillette était assez jolie; une chevelure blonde qui ondulait naturellement, de larges yeux bruns, un nez fûté. Mais quel triste petit corps, si maigre, dans une robe d'étoffe grise, trop mince pour la saison et cent fois rapiécée! On devinait que l'enfant s'étiolait faute d'une nourriture suffisante et d'une atmosphère plus salubre que celle de Paris.

Etonnée du silence que gardait ce visiteur inconnu, la veuve demanda d'une voix timide :

— Que désirez-vous, monsieur ?

— Je viens de la part de votre frère, répondit Charles.

Mme Viard tressaillit. Il y avait plusieurs

mois qu'elle n'avait vu le phtisique, mais elle savait l'existence de lutte avec la police qu'il menait parmi les révolutionnaires et elle vivait dans la crainte d'apprendre son arrestation.

La voyant toute tremblante, Charles lui exposa, en quelques phrases assez sèches, qu'il avait recueilli Chériat très malade et que celui-ci désirait la visite de sa sœur. Puis il donna son adresse et spécifia qu'il ne fallait pas tarder, vu l'état grave où se trouvait le moribond.

Ayant dit, il fit mine de se retirer.

Mais, d'un geste implorant, Mme Viard le retint et le pria de s'asseoir. Il était visible qu'elle désirait de plus amples détails. Tandis que, gêné, sans trop savoir pourquoi, d'être là, il prenait place sur une chaise, elle reprit :

— Que vous êtes bon, monsieur, d'avoir eu pitié de ce malheureux garçon et combien je vous en suis reconnaissante.

Charles secoua la tête et agita la main comme pour signifier qu'il ne méritait pas de gratitude.

De fait, quand il y pensait, il se reprochait, comme une faiblesse, d'avoir secouru Chériat, après qu'il s'était promis de se raidir contre tout sentiment d'humanité.

La veuve insista :

— Oh ! s'écria-t-elle, ne dites pas que cela n'a pas d'importance. Mon frère était devenu si ombrageux qu'on ne savait plus comment le prendre. La dernière fois que je l'ai vu, ne m'a-t-il pas déclaré qu'il ne voulait plus rien avoir de commun avec moi, parce que j'allais à l'église et que j'élevais chrétiennement ma fille. Cependant, je ne l'avais jamais contrarié dans ses opinions bien qu'elles me fissent tant de peine...

Mais, à coup sûr, il ne se méfie plus de moi puisqu'il me demande. J'en suis si heureuse, moi qui ai tant prié pour lui !

Charles se sentit ému de l'ardeur pieuse avec laquelle ces paroles furent prononcées ; en même temps, elles l'embarrassaient, le ramenant à un ordre d'idées qu'il s'était interdit d'approfondir, les jugeant déprimantes. Néanmoins la pauvre femme semblait si transportée par l'espoir d'une réconciliation avec son frère qu'il dut ajouter :

— Eh bien, madame, soyez tout à fait contente.

Non seulement Chériat veut vous voir mais j'ai des raisons d'être assuré qu'il partage à présent vos convictions religieuses.

Elle joignit les mains pour rendre grâces et dit d'une voix qui tremblait de reconnaissance :

— J'étais sûre que le Bon Dieu m'exaucerait...

Que je vais le prier pour mon frère repentant et pour vous aussi qui lui êtes si secourable.

Puis, attirant contre elle sa fillette qui fixait ses grands yeux, avec un mélange de crainte et de curiosité, sur ce visiteur si pâle et dont les regards étaient si étranges, elle poursuivit :

— Va, Marguerite, embrasse monsieur qui est si bon pour ton oncle et pour nous.

L'enfant s'avança vers Charles et lui offrit son front. Il allait s'attendrir ; mais soudain, une pensée terrible lui traversa le cerveau comme un trait de feu :

— Quoi donc, serrer sur ma poitrine où réside la mort cette innocente !...

Ah ! il n'était plus question, à ce moment, de se répéter : « Il n'y a pas d'innocents. »

Il se leva, d'un mouvement brusque, qui fit

tomber la chaise, et recula jusqu'à la porte en
balbutiant sans savoir ce qu'il disait :

— Non, non, pas cela... Personne ne doit me
toucher !...

Effrayée, Marguerite se réfugia près de sa
mère qui, elle-même, pleine d'alarmes, dévi-
sageait Charles avec épouvante. Lui baissait la
tête, écoutant hurler et sangloter en lui des voix
contradictoires. Un silence anxieux régna dans
la chambre.

Enfin, se ressaisissant un peu, le jeune homme
se rapprocha de la table. Il ne songeait plus à
s'enfuir. A considérer cette femme et cette enfant que semblait protéger le Crucifix, qui ouvrait ses bras tutélaires au-dessus de leurs têtes,
une douceur insolite rafraîchit son cœur calciné
par les flammes infernales.

Il s'efforça de sourire et dit :

— Je vous demande pardon... Un malaise
subit. Ne vous occupez pas de moi. Parlons
plutôt de vous.

Selon cette perspicacité des belles âmes qui
ont beaucoup souffert, la veuve eut l'intuition
qu'il y avait là, devant elle, un être en détresse

et qui pliait sous un trop lourd fardeau d'angoisses.

Très simplement elle reprit :

— Parler de nous? C'est un sujet de conversation qui sera vite épuisé. Notre vie ne présente rien d'extraordinaire.

— La gagnez-vous votre vie? demanda Charles, vous paraissez bien pauvre. Et ces travaux de couture, ajouta-t-il en désignant la pile de corsages sur la table, vous sont, sans doute, très mal payés.

— Je ne saurais dire, répondit Mme Viard, que ce soit du bon ouvrage. Nous autres ouvrières de la confection à domicile nous sommes employées par des entrepreneuses qui fournissent les grands magasins. Comme elles prélèvent leur bénéfice sur notre travail, il faut se donner beaucoup de mal pour joindre les deux bouts.

— Et combien vous faites-vous par jour?

— En cousant de onze à douze heures, vingt-cinq ou vingt-six sous. Il faut acheter le fil. Et puis l'hiver, il y a le chauffage et le pétrole..... Si je pouvais travailler directement pour les grands magasins, je me ferais davantage.

— Combien alors?

— Mais de deux francs à deux francs cinquante par jour.

— Et cela vous suffirait?

— J'ai appris à me contenter de peu... Si seulement j'étais toujours sûre d'avoir du pain et du lait et quelquefois une petite côtelette pour Marguerite... Malheureusement il y a les chômages.

Tout cela était dit sans emphase ni jérémiades, comme une chose acceptée et à propos de quoi il n'y a pas lieu de se plaindre.

— Ainsi, pensa Charles, c'est donc sa religion qui apprend à cette femme à subir, sans récriminer, l'exploitation répugnante dont elle est la victime. Que je voudrais savoir comment elle peut garder une âme si paisible parmi tant de misères. Mais ce n'est pas possible : au fond, elle doit se révolter...

Il reprit :

— Que faites-vous pour supporter une existence aussi pénible, car enfin vous devez traverser des périodes de dénuement total?

— Ah voilà, dit la veuve, en levant les yeux vers l'effigie de Notre-Seigneur, c'est que je prie. Et la prière me donne la force de tout endurer.

— Vous priez, répéta Charles, qui maintenant se rappelait des paroles analogues entendues chez Robert Abry, et pourtant votre Dieu vous laisse dans le malheur et dans l'affliction.

— Non, répondit-elle, avec une énergie qui impressionna le jeune homme, je ne suis pas dans l'affliction. La prière me soutient, chasse l'inquiétude, éclaire ma route. Je sais que nous sommes sur la terre pour souffrir, mais qu'au ciel, si nous l'avons mérité, nous serons récompensés au centuple de nos souffrances. Notre-Seigneur n'a-t-il pas dit : « Bienheureux ceux qui pleurent, car ils seront consolés? » Et du reste, ce ne sont pas seulement les pauvres qui souffrent... Beaucoup qui vivent dans l'abondance, n'ont-ils pas leurs peines aussi? J'en vois, continua-t-elle en le fixant d'un regard apitoyé, j'en vois qui ne paraissent manquer de rien et qui pourtant ne sont pas heureux...

— C'est vrai, avoua Charles, tout bas, il y a moi par exemple.

— Mon pauvre monsieur, ce n'est pas difficile à deviner.

Charles se tut. Il aurait voulu réagir par quelque sarcasme contre cette douceur envahissante qui le pénétrait de plus en plus. Il ne trouva rien. La veuve, cependant, le regardait toujours, se confirmant dans cette évidence que c'était une âme effroyablement torturée qu'elle avait à secourir. Et, avec cette sollicitude admirable pour les peines d'autrui que la Sainte Église inspire à ceux qui vivent suivant son esprit, l'humble ouvrière se demandait comment assister cet homme qu'elle comprenait écrasé de chagrin et déchiré de révolte diabolique.

A ce moment, au loin dans la nuit, les premiers coups de l'*Angelus* du soir tintèrent.

La veuve se dressa ; elle avait trouvé :

— Viens, Marguerite, dit-elle, c'est l'heure de rier la Sainte Vierge.

Obéissante, l'enfant s'agenouilla auprès d'elle.

Toutes deux firent le signe de la croix et s'inclinèrent devant le Crucifix. Puis les versets de la suave oraison, qui relie si adorablement au Ciel la pauvre humanité, embaumèrent la chambre.

Charles demeurait immobile, écoutant, la tête dans les mains. Et, terminant la prière, la veuve et l'enfant disaient à son intention : « Priez pour nous, Sainte-Mère de Dieu, afin que nous soyons rendus dignes des promesses de Jésus-Christ. » Puis elles ajoutèrent l'invocation finale : « Nous vous en supplions, Seigneur, répandez votre grâce dans nos âmes, afin qu'ayant appris par la voix de l'Ange, l'incarnation de Jésus-Christ, votre Fils, nous soyons conduits, par sa passion et sa croix, à la gloire de sa résurrection... »

Elles se signèrent de nouveau et se relevèrent, le visage rayonnant d'une joie sérieuse dont Charles n'avait vu la pareille qu'auprès de Robert Abry.

Il ne savait plus ce qui se passait en lui. Cette résignation, cette foi merveilleuse, ces paroles où scintillait, comme une étoile de tendre mystère, comme un reflet de la bonté divine, la splendeur de la rédemption, le remuaient indiciblement.

Puis aussitôt, il lui sembla qu'il n'était pas à sa place dans cette chambre où les effluves de la prière flottaient comme un arôme de fleurs miraculeuses. Il gagna la sortie. Mais, déjà dans le corridor, il revint sur ses pas pour dire d'une voix altérée :

— Priez encore pour moi...

La veuve acquiesça d'un signe de tête. Elle sentait qu'il ne fallait rien ajouter de plus...

Dans la rue, Charles vagua au hasard. Il se disait :

— Quelle force pourtant, quelle conviction sereine chez cette femme aussi pauvre, plus pauvre que tous les révolutionnaires qui crient leurs rancunes. Et moi, lui serais-je inférieur?... Elle se résigne; je veux verser le sang. Qui a raison?

Il ne put se répondre. Mais le peu de lumière reçu tout à l'heure persistait dans les ténèbres de son âme. Ce soir là, du moins, il ne fut plus question de jeter la bombe.

CHAPITRE XIII

En quittant la veuve, Charles se sentit donc incapable de poursuivre son dessein. Ses nerfs, surtendus depuis la minute où il avait décidé de frapper Legranpan, se relâchèrent. Il ne se trouva plus en mesure de maintenir le paroxysme de fureur concentrée qui le détermina au meurtre. Quand l'émotion bienfaisante qu'il venait de ressentir se dissipa, il essaya bien de renouer le fil de ses méditations homicides, il eut honte d'avoir cédé à ce qu'il appelait « l'illusion religieuse ». Mais il ne réussit pas à s'en irriter. Une fatigue immense l'accablait, l'empêchait de penser. Il n'eut plus qu'un désir : rentrer chez lui e se reposer.

Vers neuf heures du soir, il avait regagné la place Médicis et il pénétrait dans son apparment. Louise Larbriselle et Paul Paulette étaient là qui veillaient Chériat assoupi. Robert Abry devait les remplacer vers minuit, car il fallait qu'il y eut sans cesse quelqu'un auprès du moribond pour l'assister dans les crises de suffocation qui se multipliaient, d'autant que la fin approchait.

L'institutrice et le chansonnier s'étaient un peu étonnés que Charles tolérât les visites de Robert et lui permît d'entretenir Chériat. Mais comme il était manifeste que celui-ci revenait, de tout cœur, à la foi et puisait de l'énergie dans ces colloques, ils s'étaient abstenus de ces réflexions ineptes dont les incrédules font volontiers parade lorsqu'ils se trouvent en présence de croyants. Au surplus, ni l'un ni l'autre n'étaient de ces sectaires qui hurlent et se démènent à la seule approche d'une âme en Dieu. Esprits altruistes, dévoyés dans la Révolution, ils se méfiaient du christianisme parce que, dès toujours, ils avaient été nourris de rabâcheries anticléricales ; mais ils étaient trop foncièrement bons pour ne pas être touchés de l'extrême charité qui ressortait des paroles et des moindres actions de Robert. Aussi tous trois s'entendaient-ils fort bien pour soigner le mourant.

Charles leur demanda brièvement et tout bas des nouvelles de Chériat. Apprenant que son état restait stationnaire, il les engagea à s'en aller chez eux prendre du repos, ajoutant qu'il veillerait lui-même jusqu'à ce que Robert vînt.

Ils n'osèrent insister pour lui tenir compagnie. D'abord, depuis qu'il s'absorbait dans son projet funèbre, Charles n'entretenait plus avec eux que les rapports strictement nécessaires. Puis le malheureux était tellement imprégné des fluides terrifiants qui montent de la Géhenne, qu'il se dégageait de toute sa personne on ne sait quelle influence redoutable dont ses amis eux-mêmes éprouvaient du malaise. Seuls, des fidèles, comme la veuve et Robert, gardés contre les atteintes d'En-Bas par l'usage presque quotidien de l'Eucharistie, subissaient moins fort cette sinistre impression.

Dès que Paul et Louise furent sortis, Charles

s'assit dans un fauteuil, à quelques pas du lit où reposait Chériat. Une lampe, à l'abat-jour baissé, laissait la chambre dans la pénombre. Tout était calme. On n'entendait que le bruit du feu qui pétillait faiblement par intervalles, le tic-tac monotone de la pendule et la respiration difficile du malade.

Le jeune homme s'efforça de lutter contre l'énorme lassitude qui lui brisait les membres. Il ne voulait pas s'endormir, crainte de ne pas entendre si Chériat s'éveillait et réclamait ses soins. Mais ses paupières s'alourdissaient ; un engourdissement invincible lui coulait par tout le corps. Un moment il lui vint à l'esprit qu'il fallait ôter la bombe de dessus sa poitrine et la cacher en lieu sûr. Il n'eut pas la force de se lever pour vaquer à cette précaution. Ensuite il tâcha de fixer son attention sur quelque objet. Près de lui, sur la table, il y avait un livre ouvert. Il le prit mais le remit en place aussitôt avec un geste d'impatience : c'était l'Evangile.

— Non, murmura-t-il, pas de ces lectures affadissantes......

Il se tourna vers la pendule et commença de

suivre les aiguilles. Il comptait les secondes pour s'occuper quand, soudain, le sommeil le foudroya. Il s'endormit profondément et fit un rêve.

Oh ! le rêve, empire mystérieux des ombres, des fantômes et des larves, limbes qui s'ouvrent aux frontières du Surnaturel, crypte que hantent les démons de la nuit mais où résonnent aussi, parfois, les chœurs des anges. — N'arrive-t-il pas que Dieu se serve du rêve pour nous consoler ou nous avertir ?.....

Charles songea qu'il suivait un chemin descendant en spirale le long des parois d'un gouffre. A sa gauche, de noirs rochers arides montaient à pic se perdre dans les nuées d'un ciel couleur de rouille. A sa droite, l'abîme se creusait à l'infini, plein de gémissements et de sanglots proférés par des bouches qu'on ne voyait pas, traversé de lourdes fumées et de flammes livides qui s'allumaient brusquement et s'éteignaient de même. Le sentier surplombait le vide sans que nulle barrière l'en séparât. Il était si étroit que le moindre faux pas eût précipité le voyageur.

Charles se collait le plus possible contre le roc afin de prendre appui contre un affreux vertige qui le poussait à sauter dans le trou. En outre, ce qui rendait sa démarche encore plus incertaine, c'est qu'il portait sur ses épaules un être difforme qui agitait, au-dessus de sa tête, des ailes de chauve-souris et qui se cramponnait à ses clavicules en lui enfonçant des griffes de vautour dans la chair. Par instants, le monstre, recourbant son col et amenant sa face grimaçante vis-à-vis de celle de Charles, lui soufflait aux narines une haleine sulfureuse et lui dardait un regard chargé d'une sombre ironie qui lui gelait d'effroi la moelle dans les os et qui le pénétrait jusqu'au cœur. Le jeune homme s'arrêtait alors, écartait, d'un geste effaré, cette figure d'épouvante, où il lui semblait reconnaître l'image implacable de ses propres pensées. Puis la descente fatidique recommençait, plus bas, toujours plus bas, pendant des heures, des jours ou des années car le temps paraissait aboli.

Comme Charles arrivait à un endroit où les murailles du gouffre se resserraient et où les

plaintes se faisaient de plus en plus lamentables,
il se heurta au plus terrible des obstacles.
A ses pieds, des cadavres s'entassaient : des
hommes, des femmes, des enfants, aux membres fracassés, aux yeux crevés, à la poitrine ouverte, aux crânes fendus d'où s'épandait de la cervelle. Des ruisseaux de sang
caillé se figeaient sur ces corps mutilés. Sur
les visages rigides ou contractés par la souffrance bleuissaient les taches de la décomposition.

Charles, soulevé d'horreur se retourna, voulut rebrousser chemin. Mais le monstre, quittant alors ses épaules, se plaça devant lui et
ouvrit, toutes larges, ses ailes de ténèbres de
façon à lui barrer le retour. Eperdu, frémissant à la pensée de piétiner ces morts, il chercha quelque issue. Or il découvrit une fissure
qui rompait la masse inexorable des rochers.
Il y risqua un coup d'œil et vit qu'elle menait
à un escalier dont les marches, que fleurissait
un tapis de roses lumineuses, aboutissaient à
une plate-forme au centre de laquelle s'élevait
une grande Croix, blanche comme la neige des

hauts sommets et qu'auréolait une couronne d'étoiles.

Il sentit que le salut était au pied de cette Croix. Il allait se précipiter dans l'escalier, mais alors le monstre, près de lui, ricana sourdement. Charles aussitôt se détourna en crachant un blasphème. La muraille se referma : il n'y eut plus qu'une paroi de roc, aride comme son désespoir, dure comme son orgueil.

Et le monstre le reprit dans ses griffes et, déployant son envergure, il l'enleva dans l'atmosphère méphitique du gouffre, puis le laissa choir sur le tas de cadavres. Charles sentit ses doigts s'empêtrer dans de gluants débris d'entrailles et ses lèvres s'appliquer, en un affreux baiser, sur les lèvres du plus pourri d'entre ces morts. En même temps, le monstre disait d'une voix croassante : « Voilà ton châtiment : pendant l'éternité, tu descendras dans l'abîme, tu renieras la Croix et tu embrasseras ces cadavres que tu as voulu faire... »

Charles poussa un cri de détresse et se réveilla en sursaut...

Tout en essuyant, d'une paume machinale,

la sueur froide qui lui baignait le front, il promena autour de lui des yeux égarés... C'était la chambre paisible et mi-obscure où le feu commençait à s'éteindre. D'un timbre frêle, la pendule chevrotait minuit. Chériat s'agitait sous ses couvertures et demandait à boire. Charles prit une théière de tisane mise à tiédir sur un réchaud et en versa un bol qu'il fit prendre au malade. Puis il attisa le feu et le regarnit de charbon. Ces soins matériels lui faisaient du bien ; à s'y adonner il sentit s'atténuer un peu l'effroyable songe qu'il sortait de subir.

Chériat éleva sa pauvre voix haletante :

— Il est tard, n'est-ce pas ? Est-ce que Robert ne doit pas venir ?

— Si, répondit Charles, il ne saurait tarder.

Justement, ouvrant la porte avec précaution, le catholique parut sur le seuil. Il regarda Charles et remarqua tout de suite à quel point il était bouleversé. Il n'eut pas l'air de s'en apercevoir, sachant, par expérience, que son ami se dérobait à toute sollicitude et se verrouillait dans un silence courroucé dès qu'on faisait mine de s'occuper de lui. Pourtant, il lui tendit la main en disant :

— Tu as veillé seul ? J'espère que tu n'es pas trop fatigué.

— Je suis bien, riposta Charles d'un ton sec. Et il feignit de ne pas voir la main de Robert. Toucher quiconque avait part aux choses saintes, quiconque gardait une âme innocente lui était insupportable. De même que, chez la veuve, il avait écarté la petite fille, de même il évita le contact du catholique.

Il se rassit dans le fauteuil et affecta de ne prendre aucun intérêt à ce qui se passait dans la chambre.

Cette morne réserve lui était si habituelle que Robert n'en fut point surpris. Il hocha la tête, soupira tristement, puis sans autre démonstration, s'approchant du lit, demanda à Chériat comment il se trouvait.

— Toute la journée j'ai respiré plus facilement, dit le malade, mais cette nuit je me sens mal. On dirait qu'il y a quelque chose dans l'air qui pèse sur moi et m'étouffe... Et puis j'éprouve je ne sais qu'elle appréhension vague comme s'il allait arriver un malheur.

Il ouvrit les bras et se souleva sur sa couche, regardant Robert avec angoisse.

— Tu as sans doute, un peu de fièvre, répondit le catholique en le recouchant et en arrangeant ses oreillers.

C'était pour ne pas alarmer le malade qu'il s'exprimait de la sorte. Cependant lui-même ressentait une oppression plus morale que physique depuis qu'il était entré. Etait-ce la présence de Charles qui la lui valait? Il n'osa se poser la question mais, quoique ignorant la bombe, il se confirma dans le pressentiment qu'il avait depuis longtemps que son ami courait à quelque catastrophe.

Tous trois se turent. Charles, ramené à cette vision dont il tremblait encore, tâchait de se persuader qu'il n'y avait là qu'un trouble de ses cellules cérébrales dû à la violence des états d'esprit par où il avait passé depuis quarante-huit heures. Son orgueil incrédule demeurait bien trop vivace pour qu'il pût admettre qu'il y eût un avertissement dans ce songe formidable. Que je parvienne à dormir un peu, sans rêver, se dit-il, je me trouverai bien vite dispos pour accomplir mon acte.

Ainsi la spirale démoniaque le ressaisissait.

Assis au chevet de Chériat, Robert Abry priait mentalement :

— Mon Dieu, ayez pitié de ces deux infortunés. Celui-ci souffre dans son corps, mais par un miracle adorable de votre Grâce, il est revenu à Vous et il possède désormais la meilleure part. Mais celui-là, ô mon Dieu, c'est son âme qui est malade et qui ne veut pas être guérie. Inspirez-moi les paroles qui la toucheront.

Et il ajoutait la sublime invocation qui chante, sans cesse, au fond du cœur des fidèles :

Agneau de Dieu, qui effaces les péchés du monde, pardonne-nous, Seigneur. — *Agneau de Dieu, qui effaces les péchés du monde, accueille-nous, selon ta grande pitié.*

Chériat, plus calme à présent que le catholique priait à côté de lui, fermait les yeux et goûtait cette douceur de la foi qui remplaçait les fureurs dont il avait naguère l'âme embrasée. Quel changement en lui ! Après s'être longtemps révolté contre les contraintes sociales, après avoir mordu, comme une hyène captive, les barreaux de sa cage, voici qu'il avait ouï Notre-Seigneur lui dire : « Pourquoi dois-je te compter parmi ceux qui, tous les jours, recommencent à me crucifier ? »

Alors son cœur avait fondu ; le chrétien, étouffé en lui par le révolutionnaire, avait ressuscité. Il cria au secours vers la Sainte Église et Robert Abry lui fut envoyé pour le guider sur la route nouvelle où il s'engageait.

Il était décidé à recourir bientôt au sacrement de pénitence, à communier et à recevoir l'Extrême-Onction. En attendant, il ne cessait d'interroger Robert sur les dogmes et les rites ; il lui faisait commenter les enseignements de l'Évangile. Et à mesure qu'il s'instruisait de ces vérités oubliées depuis son enfance, il sentait une paix radieuse régner dans son âme ; et c'était sans épouvante qu'il voyait s'approcher la mort.

Comme il ne parvenait pas à se rendormir, il dit à Robert :

— Récitons *le Pater.* Tu le diras tout haut et je te suivrai à voix basse pour ne pas me fatiguer la poitrine.

Ensuite tu m'apprendras ce que te suggèrent ces paroles qui me font plus de bien que n'importe quel remède.

Abry regarda du côté de Charles Il ne bougeait pas : accoudé à l'un des bras du fauteuil, la main sur les yeux, il paraissait assoupi.

Alors le catholique entama la sublime prière dont Tertullien a pu dire, à bon droit, qu'elle était « un abrégé de tout l'Evangile. » Et Chériat se joignit à lui, d'une voix humble et toute fervente :

Notre Père qui êtes aux cieux, que votre nom soit sanctifié. Que votre règne arrive. Que votre volonté soit faite sur la terre comme au ciel. Donnez-nous aujourd'hui notre pain quotidien. Et pardonnez-nous nos offenses comme nous pardonnons à ceux qui nous ont offensés. Et ne nous induisez pas en tentation. Mais délivrez-nous du mal. Ainsi-soit-il.

Quand ils eurent achevé, Robert continua :

— Remarques-tu que dans cette oraison apprise par Notre-Seigneur, lui-même, à ses disciples, on trouve de quoi contenter tous les besoins de notre âme? « Nous pouvons, écrivait saint Augustin, demander les mêmes choses en d'autres termes, mais nous ne sommes pas libres de demander autre chose. » Et, en effet, quels biens pourrions-nous solliciter qui ne soient pas impliqués dans ce parfait modèle? Plus tu y penseras, plus tu t'apercevras que cette prière est un résumé de toute la vie chrétienne. Elle rappelle au fidèle que, par son baptême, il est devenu l'enfant de Dieu. Elle formule le suprême désir du chrétien, à savoir que le nom de Dieu soit béni sur toute la terre et son règne accepté par tous les cœurs. Etre soumis à la volonté divine, obéir, dans la joie comme dans les épreuves, à cette volonté sur nous, c'est réprimer l'orgueil, c'est nous souvenir que nous sommes sans cesse sous l'œil de Dieu qui juge nos intentions et nos actes. Le chrétien doit tout attendre de son Père qui est au Ciel. Aussi lorsqu'il lui demande son pain de chaque jour, il n'entend point par là les richesses et les honneurs, mais cette nourriture qu'il doit acquérir par son travail. Il entend également la nourriture de son âme telle que la Sainte Eglise est toujours prête à la lui dispenser. Enfin, au sens mystique, il demande d'être toujours digne de recevoir ce pain suprasubstantiel : la Sainte Eucharistie. Puis le chrétien s'humilie à cause de ses fautes ; demandant à son Père de les lui pardonner, il s'engage à pardonner également à ceux qui lui firent du tort. Pour terminer, il sollicite le secours de Dieu afin d'échapper aux embûches que nos passions ne cessent de nous tendre.

Robert médita quelques instants puis il reprit :

— Je me rappelle aussi un commentaire de l'oraison dominicale dû à l'abbesse de Sainte-Cécile. Je t'en citerai un passage, car je le trouve propre à susciter en nous de précieuses réflexions. Le voici : « Si cette prière débute par les mots : *Notre Père,* c'est pour signifier que ceux qui la prononcent ont reçu l'Esprit d'adoption ; il n'en est pas moins vrai que, quant à sa réalisation pratique dans nos âmes, elle débute par sa dernière demande. En effet, à mesure que cette oraison opère en nous et que, pour ainsi dire, elle y germe, elle commence par nous délivrer du mal ; puis elle nous obtient de n'être pas tentés au delà de nos forces, selon la parole de Notre-Seigneur : *Orate ut non intretis in tentationem.* Si nous sommes exactement fidèles, elle nous obtient bientôt le pardon de nos fautes pourvu que nous pardonnions nous-mêmes. Elle nous unit ensuite à Dieu en obtenant pour nous le pain de la Vérité éternelle, soit sous la forme de la doctrine, soit sous les dehors de ce pain qui est, en réalité, le corps du Seigneur. La volonté divine s'accomplit alors dans l'âme humaine sur la terre comme au ciel et le nom de Notre Père est vraiment glorifié par sa créature ainsi restaurée et refaite... (1) »

Tels sont, continua Robert, le sens et à peu près les termes de ce passage que je ne saurais trop te recommander d'approfondir.

Mais il est une demande du *Pater* sur laquelle il faut que j'attire plus particulièrement ton at-

---

(1) *Voir la Vie spirituelle et l'Oraison* par Mme l'Abbesse de Sainte-Cécile de Solesme : **pages 114 et suivantes.**

tention ; c'est celle-ci : *Pardonnez-nous nos offenses comme nous pardonnons à ceux qui nous ont offensés.* Le texte latin spécifie d'une façon encore plus frappante l'engagement que nous prenons en prononçant ces mots ; il dit en effet : *Dimitte nobis debita nostra sicut et nos dimittimus debitoribus nostris* ce qui signifie : *Remets-nous nos dettes comme nous les remettons à ceux qui nous doivent.*

Ce n'est pas sans raison que Notre-Seigneur insiste sur cette demande. Après avoir appris la prière aux disciples il y revient immédiatement pour ajouter : « Si vous pardonnez aux hommes leurs offenses envers vous, votre Père céleste vous pardonnera aussi vos péchés. Mais si vous ne pardonnez point aux hommes, votre Père ne vous pardonnera point non plus vos péchés. »

Or toi, mon pauvre ami, tu as vécu longtemps pour la haine. Ton âme ne connaissait plus que des pensées de rancune et de vengeance. Maintenant que te voici ramené à Dieu, as-tu complètement dépouillé le vieil homme ?

Lorsque tu profères cette redoutable demande, es-tu bien assuré de pardonner aux autres le mal qu'ils te firent? En un mot, leur remets-tu leur dette comme tu supplies notre Père de te remettre la tienne? Je dois te demander cela car songe quelle serait ta faute si, lorsque tu invoques la miséricorde divine, tu gardais, au fond de ton cœur, du mauvais vouloir à l'égard d'autrui !

Il y eut un silence. Chériat, les mains jointes, s'interrogeait lui-même. Cependant Robert remarqua que Charles attendait la réponse. Il s'était à demi-tourné vers le lit et, le sourcil froncé, il observait Chériat comme pour juger de son état d'esprit.

— Je sais, dit enfin Chériat, que je serais indigne de la bonté de Dieu si, quand je le supplie de me pardonner mes égarements, je conservais de l'animosité contre ceux qui les partagèrent. Les souffrances méritées que j'endure m'apprirent que la douleur est la loi du monde. Les illusionnés qui croient s'en affranchir en festoyant leur égoïsme au dépens de leur semblables, je les haïssais naguère. Aujourd'hui, je les plains car je n'ignore pas que, tôt ou tard, dans cette vie ou dans l'autre, ils pâtiront en proportion du mal qu'ils auront commis ou approuvé.

Non, poursuivit-il, les yeux pleins de larmes et la voix tremblante, je ne puis plus haïr personne. J'ai trop besoin de l'indulgence divine pour ne pas concevoir que quiconque vit dans le péché en a besoin autant que moi. N'est-ce pas, ami, que mon orgueil est bien mort puisque Dieu me fait cette grande grâce de pouvoir dire avec sincérité : Pardonnez-nous nos offenses comme nous pardonnons à ceux qui nous ont offensés ? C'est pourquoi je lui témoignerai ma reconnaissance en employant le peu de jours qui me restent non seulement à Lui demander qu'Il me reçoive à merci mais aussi qu'Il éclaire les malheureux qui fuient sa Face adorable...

Robert se transfigurait d'allégresse pieuse à recueillir ces paroles par où s'avérait le salut du pauvre malade.

— Ah ! se disait-il, si elles pouvaient toucher le cœur de Charles !...

Mais, celui-ci avait eu un mouvement de colère en entendant Chériat proclamer la défaite de son orgueil. Il se détourna du lit et fixa le plancher, devant lui, d'un air farouche.

Robert s'était agenouillé au chevet de Chériat

L'un et l'autre se signèrent et, d'une inspiration spontanée, se mirent à prier, à voix basse, pour leur ami perdu dans les ténèbres.

Tandis qu'ils appelaient sur lui la miséricorde du Seigneur, Charles récapitulait, avec amertume et dérision, les propos des deux croyants. Il tendait toutes les forces de son âme pour qu'elle rejetât cette leçon de fraternité à l'égard d'autrui, d'humilité devant Dieu qu'il venait de recevoir. Un instant, il avait été sur le point de fléchir ; à présent encore, l'écho de l'Oraison Dominicale résonnait dans son cœur. Mais il *voulait* que ce fut un bruit importun qu'il fallait se hâter d'étouffer.

L'Evangile était près de lui, sur la table, ouvert au XI° chapitre de Saint-Matthieu. Son regard s'y porta et il lut ceci :

Aimez vos ennemis, faites du bien à ceux qui vous haïssent et priez pour ceux qui vous persécutent et vous calomnient, afin que vous soyez les enfants de votre Père qui est dans les cieux, qui fait lever son soleil sur les bons et les méchants et qui fait pleuvoir sur les justes et les injustes.

— Encore le pardon ! murmura Charles qui sentait un étrange courroux l'envahir de plus en plus. Il feuilleta quelques pages et s'arrêta sur ce verset :

« *Pierre, s'approchant du Seigneur, lui dit :*

— *Seigneur, combien de fois pardonnerai-je à mon frère, lorsqu'il aura péché contre moi ? Sera-ce jusqu'à sept fois ?*

Jésus lui dit :

— *Je ne te dis pas jusqu'à sept fois, mais jusqu'à soixante-dix fois sept fois.....* »

Charles ferma le livre d'un geste de mépris, et le repoussa loin de lui.

— Voilà donc leur religion, pensa-t-il — et sa bouche se crispait de dédain — : Souffrir avec patience, se résigner, se soumettre et, par surcroît, faire du bien à ceux qui vous outragent..... Morale d'esclaves ! Et à supposer que leur Dieu existe, n'y aurait-il pas de la grandeur à braver les préceptes de servilité qu'il impose aux cœurs assez lâches pour lui obéir ?

Il se leva. Il lui semblait que son âme

entière se raidissait en une attitude de révolte, cependant que les clairons de l'orgueil lui chantaient aux oreilles une furieuse fanfare.

D'une voix éclatante il cria :

— Je ne servirai pas !...

Ah ! c'était le *non serviam* de Lucifer, le sombre entêtement de l'archange déchu, lorsque, précipité dans l'abîme, il releva sa tête où fumait encore la marque de la foudre et refusa de se courber sous la Main qui le châtiait.....

A cette clameur, Abry et Chériat tressaillirent. Ils se tournèrent du côté de Charles et l'envisagèrent avec une stupéfaction craintive.

— Mon Dieu, que t'arrive-t-il demanda Robert.

Charles eut un rire sarcastique :

— Si je te le dis, tu ne me comprendras sans doute pas. Et pourtant, je veux que tu le saches : je ne pardonne pas à mes ennemis moi ; je ne m'incline pas devant ton Dieu, moi ; je hais ceux qui consentent à subir sa tyrannie. Ah ! je cherchais qui frapper. Eh bien, ce sera justement les adorateurs de ton Dieu, les serviles qui, comme toi, maintiennent, par leur douceur exécrable, une société que je voudrais faire voler en éclats......

Robert frémit. Mais ces phrases forcenées, si elles le terrifiaient, ne le firent pas reculer. Il sentait l'âme de son ami en proie au plus extrême péril et il n'eut qu'une idée : l'arrêter sur la pente effroyable où il roulait.

Il fit un pas en avant :

— Charles je t'en supplie, reviens à toi. Ecoute-moi....

Mais l'autre, d'un geste coupant, le cloua sur place :

— Ne m'approche pas...... Il y a un fossé entre nous, et ce fossé je veux le remplir de sang..... Ne m'approche pas, dis-je, je porte la mort !

Et ce disant, il étreignait la bombe sur sa poitrine.

Chériat devina tout. Dressé d'épouvante, il s'écria :

— La bombe ! Il va jeter la bombe ; retiens-le....

Mais Charles avait gagné la porte. Du seuil, il se retourna et, versant le feu par ses prunelles, il proféra : Oui, je vais jeter la bombe.

Et savez-vous en quel endroit ? Sur l'autel même de ce Dieu dont vous vous fabriquez un épouvantail. Nous verrons qui, de lui ou de moi, sera le plus fort !....

Il sortit et, la seconde d'après, ils l'entendirent descendre l'escalier quatre à quatre. Robert allait le suivre, le rattraper, lui disputer l'engin, fût ce au prix de sa propre existence. Mais Chériat, tout suffoquant, venait de retomber sur l'oreiller. Une hémoptysie se déclarait.

Robert courut au malade et lui prodiguant ses soins, tremblant d'horreur et de désolation, il ne pouvait que répéter : Seigneur, Seigneur, retenez son bras... Eclairez ce malheureux, il ne sait ce qu'il fait !.....

Et, à travers les hoquets lugubres qui lui soulevaient la poitrine, Chériat disait :

— Mon Dieu, prenez-moi en rançon pour l'âme de cet infortuné ; ne permettez pas que cette chose affreuse s'accomplisse...

CHAPITRE XIV

En janvier, le jour se lève tard. Six heures sonnaient lorsque Charles se précipita dans la rue : le temps s'était radouci ; il dégelait ; mais une ombre brumeuse se traînait encore sur la ville. Un vent mou passait par rafales, faisait vaciller les flammes des réverbères et appliquait de larges gouttes de pluie sur le visage brûlant du possédé.

Il descendit d'abord, presque en courant, le boulevard Saint-Michel, mû par la crainte que Robert le rejoignît et tentât de lui enlever la bombe — ce qui serait certainement arrivé sans le crachement de sang de Chériat.

— S'il me suit, grondait-il, s'il veut me barrer le chemin, c'est lui que je frapperai...

Il traversa la chaussée où des voitures de laitiers trottaient à grand tapage et, s'adossant à la grille du square de Cluny, il surveilla le trottoir opposé où il croyait toujours apercevoir Robert. Mais il n'y avait que des tâcherons et des ouvrières qui se hâtaient vers leur travail.

Rassuré, il repartit d'un pas plus lent. Il se disait seulement :

— J'entrerai dans la première église qui sera ouverte et là, je lancerai la bombe soit sur quelque prêtre, soit parmi les individus stupides qui s'y agenouillent, soit, au hasard, à travers le chœur. Le tout, c'est qu'elle éclate comme un défi à ce Dieu en qui l'humanité place ses lâches espoirs et son amour encore plus lâche de la servitude. Si ce Dieu est une chimère, eh bien je lui mettrai du plomb dans l'aile. Si, par grand hasard, il existe, je l'aurai bravé dans sa maison. Oui cela vaut mieux que de supprimer Legranpan, Jacobin tyrannique, ou de vagues bourgeois à l'abreuvoir...

Après je me laisserai arrêter sans résistance, car il importe que j'explique mon acte.

A la pensée de ce qu'il allait faire, son cœur se gonfla d'orgueil. Il lui sembla qu'il dominait son époque et il éprouva un atroce bien-être à se sentir inébranlable dans sa résolution.

Il arriva au bas du boulevard. Au lieu de traverser la Seine, il prit machinalement à droite, longea le parapet du quai, enfila le Petit-Pont et déboucha sur le Parvis. La façade et les tours de Notre-Dame surgirent devant lui, dans le brouillard. On venait d'entr'ouvrir le portail de gauche.

— Ah! voici le but, s'exclama-t-il. Sans tergiverser, il franchit le seuil, poussa la porte à ressort de l'intérieur et pénétra dans la cathédrale.

Quel profond silence, quel calme auguste, quelle obscurité sainte à peine interrompue par la faible clarté de la lampe qui scintille au grand autel et par la lueur de petits cierges allumés çà et là.

Le contraste était trop fort entre le recueillement sacré de l'immense basilique et le tumulte de rumeurs homicides qui remplissaient l'âme de Charles. Il en subit l'impression et se sentit comme intimidé. Mais réagissant aussitôt, il traversa la nef et se mit à suivre le bas-côté qui mène à la sacristie.

Il alla jusqu'à la chapelle où s'élève le groupe de Saint-Georges terrassant le démon. Là, il s'arrêta et s'accotant à un pilier, il regarda.

Un vieux prêtre, servi par un seul enfant de chœur, célébrait la Messe à côté du tombeau de Monseigneur Darboy. Cinq ou six femmes du peuple, inclinées sur leur prie-dieu, s'unissaient, avec ferveur au Saint-Sacrifice. Charles, les bras croisés, la lèvre dédaigneuse, ne quittait pas des yeux l'officiant.

Hésitait-il à l'imminence du crime? — Point ; voici ce qu'il se disait :

— Dans une minute, dès que ce vieil homme se retournera, je lancerai la bombe. Et alors comme je jouirai de la panique de ces sottes brebis laissées en détresse par leur Manitou !...

On commençait l'*Offertoire*. Le prêtre fit face aux fidèles, et les mains ouvertes en signe de paix, il prononça :

— Que le Seigneur soit avec vous.

— Et avec ton esprit, murmurèrent l'enfant et les assistants.

Charles eut un geste pour saisir la bombe. Mais déjà le prêtre, retourné vers le tabernacle, faisait l'offrande du pain et du vin.

— Après tout, se dit alors l'assassin, je n'ai pas besoin d'attendre qu'il regarde de nouveau par ici..... Assez de délais !

Il déboutonna son veston et tâta l'engin. Rien ne le retiendrait-il ? — Au contraire, il avait la sensation qu'une invisible main lui poussait le coude, tandis qu'une voix sardonique lui chuchotait :

— Va donc ! Va donc !...

Cependant le prêtre se purifiait les doigts et, juste comme Charles mesurait la distance pour projeter la bombe, il récita le verset tutélaire : *Ne perdas cum impiis, Deus, animam meam, et cum viris sanguinum vitam meam.*

O Providence divine, vous étiez là !

A ce moment, une étrange faiblesse fit retomber, désarmé, le bras de l'homicide. Il y eut comme un mur d'airain qui se dressait entre lui et l'autel. Il recula, balbutiant : Je ne peux pas !... Je ne peux pas !... Ces pauvres femmes, cet enfant, ce vieillard en prière. Oh ! non, c'est trop horrible. Je ne peux pas !...

Mais tout de suite, honteux d'avoir fléchi dans sa fureur, il se donna un prétexte pour différer :

— Il n'y a pas assez de monde. Peut-être, tout à l'heure, y en aura-t-il davantage. Je reviendrai...

Il s'éloigna rebroussant vers la sortie. Alors la voix démoniaque reprit d'un accent furibond :

— Couard, tu cherches à ruser avec ta poltronnerie et tu traites les autres de lâches! Allons, reviens sur tes pas, frappe, tu seras semblable à ce Dieu que tu redoutes...

Sur cette incitation, l'orgueil raidit tous les muscles de Charles. Il lui parut qu'un torrent de feu lui coulait dans les veines.

— Soit! répondit-il, que mon destin s'accomplisse...

Quand il proféra ces mots, il était sur le point de repasser le portail. L'écume aux lèvres, il fit volte-face et poussa violemment la porte intérieure afin de rentrer dans l'église. Puis il lâcha le bouton pour ressaisir la bombe. Mais, dans la même seconde, le battant actionné par le ressort, revint sur lui et le frappa d'un coup sec, en pleine poitrine.

Un éclair rougeâtre jaillit, une détonation formidable roula sous les voûtes séculaires, puis une âcre fumée remplit la cathédrale jusqu'à l'abside...

Les premiers qui accoururent relevèrent le cadavre affreusement mutilé de Charles : le torse était déchiré depuis le cou jusqu'au bas-ventre ; les viscères hachés pendaient dans une mare de sang. La main qui avait tenu la bombe avait été arrachée et projetée dehors, sur le Parvis. La figure, restée intacte, exprimait une angoisse infinie et l'on eut dit qu'un cri de terreur effroyable demeurait figé sur la bouche béante...

Ainsi, par un évident miracle de la Justice divine, le meurtre s'était retourné contre celui qui appelait le meurtre sur autrui.

EPILOGUE

L'attentat de Charles souleva une assez grande émotion dans Paris.

Les fidèles, reconnaissant l'intervention de la Providence dans le châtiment si prompt et si terrible de l'assassin, s'unirent pour rendre grâces au Dieu d'équité qui a dit : « Je me suis réservé la vengeance. »

Le peuple, qui garde du bon sens et des sentiments généreux lorsque les sectaires qui l'exploitent ne le rendent point frénétique, témoigna de l'horreur pour un assassin dont la barbarie avait failli frapper des femmes sans défense. Les plus indulgents le plaignirent comme un fou dont l'acte ne s'expliquait guère. D'autres — et ils étaient nombreux — se sentirent troublés par les circonstances du drame. Il se disait dans les ateliers :

— Pour sûr, c'est singulier qu'il se soit tué lui-même au moment où il voulait chambarder Notre-Dame. Est-ce que, des fois, ce ne seraient pas des blagues ce que racontent les calotins ? Y aurait-il un Bon Dieu pour veiller sur nous ?

Cet état d'esprit prenant de l'extension, la Maçonnerie s'en alarma et fit donner la presse athée. Divers journaux épiloguèrent à l'infini sur les portes à ressort et le danger des explosifs maniés par un agité. Le tout pour conclure à un hasard dont il fallait se féliciter sans y reconnaître rien d'extraordinaire. Puis ils mirent les citoyens en garde contre les manœuvres du « parti clérical » et ils insinuèrent que les catholiques, lorsqu'ils affirmaient que la mort de Charles prouvait, une fois de plus, l'existence du Surnaturel, méditaient de rétablir l'Inquisition. Ensuite, ils couvrirent d'outrages le Cardinal-archevêque qui s'était permis d'ordonner des prières expiatoires et une cérémonie de purification de la Basilique où vint une foule énorme. Bien entendu, ils rappelèrent, à ce propos, la révocation de l'Edit de Nantes et la Saint-Barthélemy.

Enfin, pour faire entièrement diversion, ils organisèrent un défilé des Loges devant la statue d'Etienne Dolet, ce précurseur dont la libre-pensée alla jusqu'à l'uranisme.

Parmi les pauvres cervelles qui constituent ce que l'on baptise — personne ne sait pourquoi — le grand monde, on éprouva d'abord une frousse intense à la pensée que le meurtrier aurait pu jeter son engin dans une paroisse élégante, à l'une de ces messes où les gens du « dernier cri » font à Dieu l'honneur de venir s'ennuyer pendant vingt minutes devant ses autels. Quelques caillettes chères au *Tout-Paris* poussèrent des soupirs affectés et firent mine de s'évanouir quand on parlait de Charles. Puis, comme un Juif fétide mais fort millionnaire annonçait un grand bal, la « haute société » se tourna toute vers un événement aussi considérable. On ne rêva plus que de toilettes ébouriffantes et chacun se demanda s'il obtiendrait la faveur d'une invitation à gigoter sous les regards chassieux de cet Israélite.

L'explosion de la bombe ne surprit pas du tout Legranpan. Il manda son chef de cabinet Lhiver et lui conta comment il avait manqué, lui-même, d'être assassiné par le fils de Mandrillat. Puis, songeant au désarroi où le Vénérable devait s'effondrer, il éclata de ce rire en claquement de castagnettes archi-sèches dont il avait coutume et dit :

— Du coup, voilà le banquet à l'eau, car vous comprenez bien, Lhiver, que ce n'est pas le moment de repêcher ce pauvre Mandrillat chu dans la mélasse par la faute de sa progéniture...

Mais ce qui importe, c'est d'exploiter la chose. Il faut détourner l'attention des imbéciles de la Chambre qui espéraient se servir du Maroc pour me flanquer à bas du pouvoir. Ah ! on dit qu'il y a des fissures dans le Bloc : eh bien, nous allons les cimenter. Je fais coffrer un certain nombre d'anarchistes et notamment les membres du comité-directeur de la C. G. T. — Cela suscitera une interpellation de l'Extrême-Gauche. Je monterai alors à la tribune ; j'expliquerai qu'en prenant cette mesure, j'ai sauvé la

République. Et je veux devenir Pape si mes dindons radicaux et les bonnes poires du Centre ne me votent pas, à une forte majorité, l'ordre du jour de confiance que j'exigerai. Quant à ces messieurs de la Sociale, je sais pertinemment, par les rapports de police, qu'ils ne sont pour rien dans la stupide manifestation de Mandrillat junior. On les relâchera donc dès que l'effet sera produit. S'ils braillent à l'arbitraire, on leur collera une gratification pour leur Bourse du travail ; cela leur fermera le bec...

Il en fut ainsi. Plusieurs révolutionnaires, dont Jourry, Sucre et Greive, allèrent passer quelques jours à la Conciergerie. Le crime de Charles les avait fort ennuyés car, comme tous les débitants de drogues anarchistes, s'ils estimaient fort licite de prêcher l'impiété, le vol et le massacre des « infâmes capitalistes », ils tremblaient dès qu'un impatient de l'âge d'or promis par le socialisme appliquait prématurément leur doctrine.

Charles ayant rompu avec eux, ils ne pouvaient se rendre compte de l'inhumanité spéciale qui détermina le malheureux. C'est pourquoi, sitôt remis en liberté, ils publièrent des articles où leur ancien camarade était dénoncé, comme un agent provocateur que le gouvernement avait soudoyé pour fournir un prétexte à leur arrestation.

Le plus répugnant de tous fut Mandrillat.

Furieux et grotesque à la fois, il secouait sa femme qui se permettait de verser quelques larmes, plutôt machinales, sur le corps déchiré de leur enfant. Il lui défendit de prendre le deuil. Pour le public, il se posa en Brutus et déclara aux reporters qui assiégeaient sa porte que si son scélérat de fils avait survécu, il l'aurait conduit de sa propre main à la guillotine.

Cet héroïsme lui valut une batterie d'honneur au Grand-Orient. Mais ce fut tout. Il fit tant de tapage que Legranpan, agacé de le voir revenir sans cesse sur un incident dont nul ne voulait plus entendre parler parce qu'il provoquait trop de réflexions désagréables, lui ordonna, d'une façon fort impérieuse, de se taire.

Mandrillat obéit et, pour faire peau neuve,

entreprit un voyage en Allemagne. Il s'y aboucha avec quelques financiers de Berlin et de Francfort qui désiraient introduire des valeurs véreuses sur le marché français. Le résultat fructueux de cette villégiature le consola bien vite du déboire qu'il venait de subir.

Cependant la police avait fait une perquisition dans l'appartement de la place Médicis. Elle ne trouva naturellement rien qui pût la mettre sur la piste d'un complot puisque Charles avait agi de lui-même et s'était gardé de se confier à personne. Chériat et Robert interrogés ne purent que rapporter la tristesse farouche de leur ami depuis des semaines et la façon dont il s'enfuit, malgré leurs efforts, le matin où la bombe éclata. On ne les inquiéta point, car il était de toute évidence qu'ils n'encouraient pas de responsabilité dans un crime dont, jusqu'au dernier moment, ils avaient ignoré la préparation.

Le seul indice qu'on découvrit des projets de Charles fut un papier où il avait tracé, d'une main fébrile, ces mots : « L'homme libre écarte les dogmes, les lois et tout ce qui entrave son droit à la révolte. Il ne croit qu'en lui-même. Il frappe pour se grandir et il reste sourd aux plaintes de ses victimes. C'est ainsi qu'il devient le surhomme... »

Et maintenant Robert Abry, assisté de Madame Viard, qui était accourue auprès de son frère, s'empressait autour du malade dont l'état s'était aggravé du fait de la scène terrible qui précéda la mort de Charles.

Enfin, à force de soins, Chériat se sentit un peu mieux. Mais si ses souffrances corporelles avaient diminué, son esprit restait tout anxieux.

Fixant sur Robert un regard de détresse, il dit :

— Mais comment, comment tout cela est-il arrivé ?... Comment Charles a-t-il pu concevoir un dessein aussi épouvantable ?

— Ne parle pas, supplia la veuve, calme-toi, tu vas encore te faire du mal...

— Eh bien je me tairai. Mais que Robert me rassure car je ne comprends plus rien à rien et il me semble que je suis environné de fantômes...

Robert était si profondément bouleversé

qu'il ne réussit pas d'abord à répondre. Dans son chagrin, il se demandait, lui aussi, *comment* et *pourquoi?* Et il se reprochait presque de n'avoir pas deviné assez tôt le drame funèbre qui s'était déroulé dans l'âme de son ami.

— Si j'avais insisté quand il vint rue d'Ulm, se disait-il, peut-être m'aurait-il confié son affreux secret et aurais-je pu le fléchir... Il courbait la tête, éperdu d'incertitude et se retenant pour ne pas sangloter. Mais comme Chériat lui touchait le bras, d'un geste suppliant, il fit un effort et dit d'une voix altérée :

— Avant tout, prions. Ce n'est qu'en sollicitant le secours d'En-Haut que nous réussirons à échapper aux images sinistres qui nous obsèdent.

— Oui, prions, répéta Mme Viard, qui s'agenouilla tandis que les deux hommes joignaient les mains, prions la Sainte-Vierge. Jamais nous n'avons eu plus besoin d'Elle puisqu'on la nomme, à juste titre, la Consolatrice des affligés.

Par une inspiration spontanée, elle récita les

litanies puis elle proféra ce sublime appel à l'aide de la Grande-Auxiliatrice, le *Sub Tuum* : *Nous nous réfugions sous sa protection, Sainte Mère de Dieu. Ne rejette pas la prière que nous t'adressons dans notre peine excessive et garde-nous toujours de tout péril, ô Vierge de gloire et de bénédiction...*

A mesure qu'elle prononçait les saintes paroles, Robert se rassérénait. Ainsi que bien d'autres fois, il vérifiait qu'on ne s'adresse jamais en vain à Celle qui a reçu le pouvoir de réconforter les cœurs trop éprouvés. La lumière se refit en lui et ce fut tout enflammé d'une ardeur ineffable qu'à son tour, il récita le *Memorare* de saint Bernard.

Quand il eut dit l'invocation finale : *Noli, Mater Verbi, verba mea despicere, sed audi, propitia et exaudi,* son âme s'était reconquise.

De même, Chériat s'apaisait. Les ténèbres tragiques qui venaient de descendre sur lui se dissipaient pour faire place à une aurore angélique.

O Sainte Eglise, ce sont là les dictames que tu départis à tes fidèles !...

— Ne prierons-nous pas aussi pour Charles, murmura-t-il, sa pauvre âme, où est-elle à présent ?

— Certes approuva Robert, nous allons prier pour lui. Dieu est si bon : je veux espérer qu'au moment suprême, il a permis que l'infortuné ait une pensée de contrition.

— Et puis, reprit Chériat, rappelle-toi qu'il était charitable. Il m'a recueilli mourant de misère. Presque tout son argent, il le donnait aux pauvres... Louise Larbriselle peut en témoigner... Jusqu'au jour où il devint si sombre et si méfiant, nul n'aurait pu le taxer de perversité. Comme tant d'autres, comme moi-même avant que Notre-Seigneur m'éclairât, il vivait dans l'erreur mais il était de bonne foi. Où aurait-il appris à se garder du mal ? Ce n'est pas dans le milieu où il fut élevé puisque, nous le savons, on s'est appliqué à lui nourrir l'esprit d'athéisme et d'orgueil.

— Il m'a demandé de prier pour lui, dit Mme Viard en pleurant.

— Oui, conclut Robert, la Justice divine qui, seule, est infaillible, pèsera tout cela dans sa balance. Mais ce qui me fait frissonner c'est que je réfléchis qu'ils sont des milliers à présent, dans notre pauvre pays, qui subissent une éducation analogue à celle de Charles. On ne veut plus de Dieu ; on fait le vide dans les âmes. Puis l'on s'étonne que le démon s'y installe à la place de ce Dieu qu'on jette à la voirie parmi les outrages et les crachats... Je sais : il est de mode de sourire lorsqu'un croyant affirme que le diable s'empare de nous dès que nous nous détournons de l'Eglise.

Pour expliquer les crimes qui se multiplient, la frénésie de jouissance, l'inquiétude sans but qui possèdent tant de nos contemporains, la Science, pauvre folle infatuée d'elle-même, bat les buissons çà et là, bâtit cent systèmes, cent châteaux de sable qu'elle n'édifie que pour les renverser la minute d'après et pour courir à de nouvelles illusions. Des philosophies se hissent sur des piédestaux branlants et affirment que l'homme n'est qu'une mécanique instable mue par des forces aveugles et que le bonheur consiste à satisfaire ses passions jusqu'à la satiété. On instaure le règne de la Bête d'après cette maxime : « La vie est un cauchemar entre deux néants. » Pour l'oublier régalons nos instincts !

Cependant le démon verse les ténèbres du désespoir dans l'âme des sensitifs et des douloureux qu'une telle odieuse doctrine ne suffit pas à contenter. La France est ivre d'impiété ; par suite le nombre ne cesse de s'accroître de ceux qui, comme notre ami, tombent sous le joug du Mauvais parce que nul ne les avertit que, seule, notre sainte religion peut les en préserver. Hélas, ils se disent libres ; et on les força d'ignorer qu'en rejetant, comme une lisière importune, la sauvegarde de la foi, ils se soumettent au plus irrémissible des esclavages : celui du péché.

Ah ! prions, prions pour Charles. Prions aussi pour la France, supplions le Seigneur d'avoir pitié de nous.

Et suivi par la veuve et le malade, il dit humblement les versets du *De profundis* :

« *Des profondeurs de l'abîme, nous crions vers toi, Seigneur. Seigneur, écoute notre voix.*

« *Que tes oreilles se rendent attentives à la voix de notre déprécation.*

« *Si tu observes nos iniquités, Seigneur, qui de nous soutiendra ton regard ?*

« *Mais parce que la miséricorde est en toi, Seigneur, j'espère à cause de ta loi.*

« *Mon âme se confie en ton verbe : mon âme espère dans le Seigneur.*

« *Depuis la vigile du matin jusqu'à la nuit, que ton peuple espère en toi, Seigneur.*

« *Parce que la miséricorde appartient au Seigneur et qu'auprès de lui la rédemption est abondante.*

« *Et lui-même rachètera son peuple de toutes les iniquités.*

« *Seigneur donne aux âmes des morts le repos éternel et fais luire sur eux ta lumière sans fin.*

« *Qu'ils reposent en paix. — Ainsi soit-il.*

Tous trois s'embrassèrent. Puis Robert, debout et les yeux au ciel, reprit :

— Seigneur, nous ne sommes rien sans ton secours. S'il est dans tes desseins que nous périssions, que ta volonté s'accomplisse et non la nôtre. Mais, ô mon Dieu, si pour sauver notre France qui se détourne de ta Face, il est besoin de victimes expiatoires, nous voici prêts à souffrir pour que ton Nom soit sanctifié, pour que ton règne arrive.

Pour les folies et les péchés des égarés qui te défient, l'injure et le sarcasme à la bouche, nous nous offrons à ta colère. Toi, cependant, ramène-les dans tes voies ; distribue-leur le pain suprasubstantiel : ta parole immuable.

Comme il nous fut prescrit par ton Fils, nous leur pardonnons, sans arrière-pensée, sans restrictions vindicatives, les persécutions qu'ils infligent à ton Eglise. De même, ne les traite pas d'après l'énormité de leur ingratitude envers toi, mais considère leur aveuglement.

Par l'incarnation de ton Fils, par ses souffrances et ses plaies, par la Croix qui ne cesse d'étendre sur le monde ses bras rédempteurs, par ta Sainte-Mère, refuge des pécheurs, appui des malheureux, étoile du matin, arche de ton alliance avec nous, par les mérites de tous les Saints qui combattirent et triomphèrent pour ta gloire, accueille notre supplication : fais cesser cette trop longue tentation. Libère la France du démon d'orgueil qui l'opprime : délivre-nous du mal. Ainsi soit-il.

D'un même élan, tous trois répétèrent :

— O Dieu le Père, qui es la Justice, ô Dieu le Fils, qui es l'Amour, ô Dieu le Saint-Esprit qui es la Grâce, Sainte-Trinité, un seul Dieu, libère la France du démon qui l'opprime, délivre-nous du mal...

Et longtemps, agenouillés côte à côte, ils demeurèrent en oraison, selon l'esprit de la Sainte-Église catholique, en dehors de laquelle il n'y a ni lumière, ni vérité, ni consolation, ni salut.

Benevolens lector, in nomine Domini, ora pro scriptore.

Fin

Note. — L'auteur croit devoir rappeler que pour l'explosion qui termine le livre par la mort de Charles, il n'a rien inventé.

En effet, les choses se passèrent exactement telles quelles à l'église de la Madeleine en 1894.

L'auteur n'a fait que transposer l'évènement à Notre Dame.

Saint-Amand Cher. — Imprimerie BUSSIÈRE.

www.ingramcontent.com/pod-product-compliance
Lightning Source LLC
Chambersburg PA
CBHW070642170426
43200CB00010B/2103